天下文化
BELIEVE IN READING

居禮夫人

寂寞而驕傲的一生

紀荷 Françoise Giroud——著
尹萍——譯

UNE FEMME HONORABLE,
MARIE CURIE

目次

照片集錦 006
推薦序　超越性別的科學家典範／邱美虹 024
前言　盛名之外，高貴又美麗的靈魂／瓦萊里 034
第一部　屈辱 036
第一章 038
第二章 058

第三章 068
第四章 076
第五章 084
第六章 092
第二部 天才 114
第七章 116
第八章 128
第九章 136
第十章 144
第十一章 158

第三部　盛名　176
第十二章　178
第十三章　196
第十四章　208
第十五章　220
第四部　醜聞　228
第十六章　230
第五部　間奏　268
第十七章　270

第六部　雕像 290
第十八章 292
第十九章 302
第二十章 312
第二十一章 322
第二十二章 330
第二十三章 340
第二十四章 344
第二十五章 350
第二十六章 358
居禮夫人身後 365

1890 年，瑪麗（左起）、布洛妮亞、海拉與父親。這位父親以兒女為榮，一力豐富他們的心靈，增廣他們各方面的知識，激發他們的求知慾。

雅各、皮耶（右）與雙親。父親決定不讓皮耶受學校之苦，因為他愛做夢，智力發展又慢，所以從小是母親教他讀寫，父親教他觀察大自然。

40 歲時的皮耶。瑪麗認為他「擁有文明極致的視野」。

在一場沒有交換戒指與任何宗教祝福的婚禮之後，皮耶與瑪麗騎著腳踏車去度蜜月。

1911年10月29日至11月3日在布魯塞爾舉行的索爾維會議，首次將當代物理學菁英共聚一堂，這場盛會留下一張珍貴照片。後排由左至右分別是：戈耳斯密特（R. B. Goldschmidt）、普朗克（Max Planck）、魯本斯（H. Rubens）、索末菲（A. Sommerfeld）、林得曼（F. Lindemann）、德布羅意（M. de Broglie）、克努森（M. Knudsen）、哈瑟諾爾（Hasenöhrl）、候斯特力（Hostelet）、赫爾岑（Herzen）、京士（J. H. Jeans）、拉塞福（Ernest Rutherford）、沃斯（H. Kamerlingh Onnes）、愛因斯坦、朗之萬（Paul Langevin）。

前排由左至右分別是：能斯特（W. Nernst）、布里元（M. Brillouin）、索爾維（Ernest Solvay）、勞倫茲（Lorentz）、瓦爾布爾柯（O. H. Warburg）、佩蘭、汶因（W. Wien）、瑪麗、龐加萊（Henri Poincaré）。

從上一幀照片局部放大的著名特寫鏡頭：在佩蘭（左）與龐加萊（右）之間的瑪麗。此時的她年屆 44。

1895 年時的皮耶與瑪麗，朝著理論物理與榮耀的寂寞之路攜手同行。

居禮一家位於凱勒曼大道的住處，開滿了紫藤與山楂。

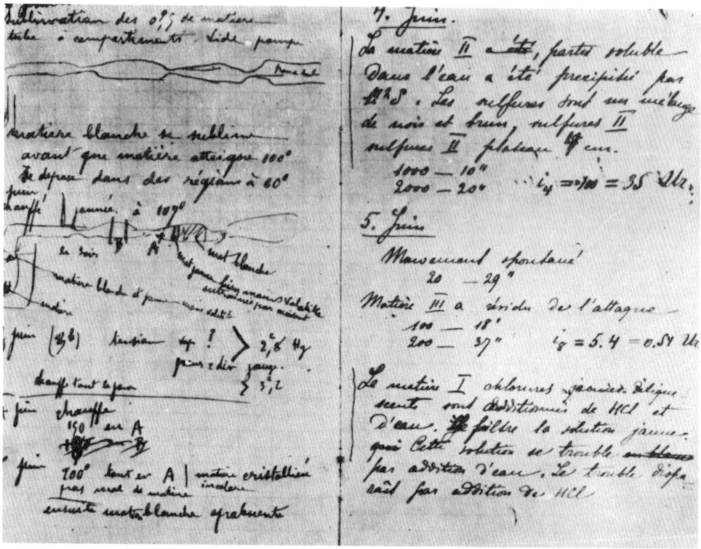

matière blanche se sublime
avant que matière atteigne 100°

4. Juin.
La matière II a été, partie soluble
dans l'eau a été précipitée par
H²S. Les sulfures sont un mélange
de noir et brun, sulfures II
sulfures II plateau [illegible]
1000 — 10"
2000 — 20"
5. Juin
Mouvement spontané
20 — 29"
Matière III a résidu de l'attaque
100 — 18"
200 — 37"
i = 5.4 = 0.54
La matière I chlorures jaunes [illegible]
sont additionnés de HCl et
d'eau. [illegible] filtre la solution jaune.
Cette solution se trouble
par addition d'eau. Le trouble dispa-
raît par addition de HCl

瑪麗放在實驗室裡的黑皮小筆記本中的兩頁：她整齊的筆跡常被皮耶潦草的字打斷，兩種不同的筆跡相映成趣。

德國一位化學家形容發現鐳的處所「像一間馬廄或地窖」。

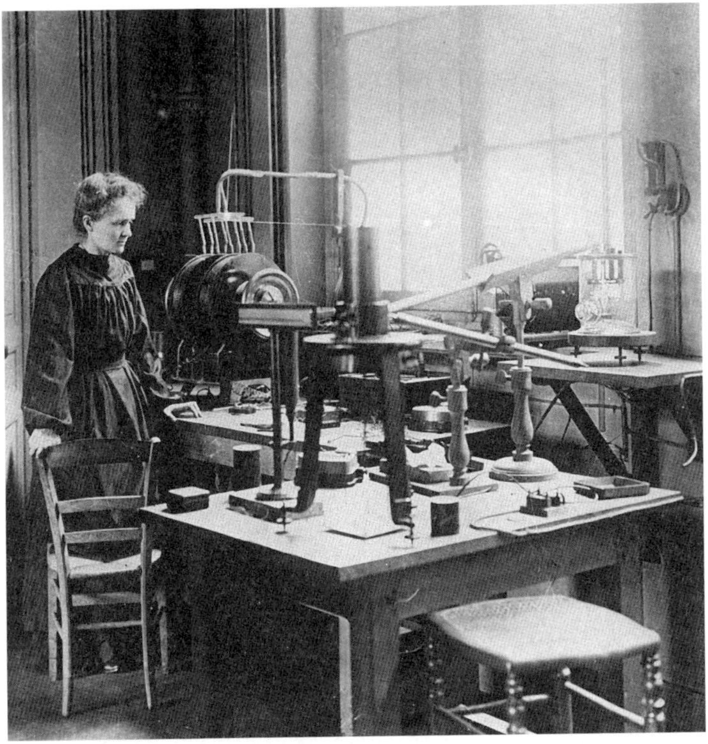

瑪麗站在工作檯旁。室內的溫度有時會降到攝氏 6.25 度以下。

1908年，瑪麗與大女兒伊雷娜攝於居禮先生死後。

8歲的伊雷娜與1歲的夏芙。她們總是穿著母親親手為她們裁製的衣裳。

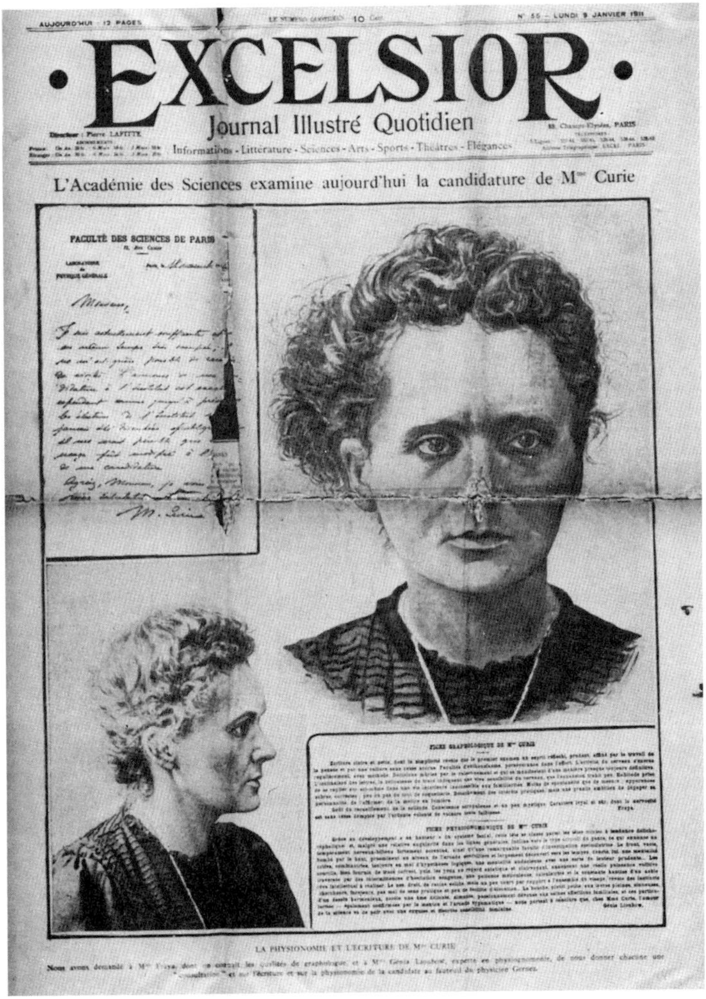

AUJOURD'HUI 12 PAGES — 10 Cent. — N° 55 – LUNDI 9 JANVIER 1911

EXCELSIOR

Journal Illustré Quotidien

Informations - Littérature - Sciences - Arts - Sports - Théâtres - Élégances

L'Académie des Sciences examine aujourd'hui la candidature de Mme Curie

FACULTÉ DES SCIENCES DE PARIS

LA PHYSIONOMIE ET L'ECRITURE DE Mme CURIE

1911 年 1 月 9 日《求精報》在頭版全版刊出瑪麗的照片。

1902 年 30 歲時的物理學家朗之萬，夙有「騎兵隊長」的稱號。

展示中的「小居禮」放射線車。
1917 年到 1918 年，一年間 20 輛的「小居禮」總共完成了 110 萬次的 X 光照像。

戰時，不論天候如何，瑪麗總是駕駛時速不能超過 50 公里的放射線車四處奔波。

1921 年首度訪問美國，在匹茲堡與當地的工業家合影。居禮夫人並沒有風靡美國，不過她的成就更大：她觸動了美國人的心。

訪問白宮，拜會哈定總統，為的是「提升科學的地位」。

與愛因斯坦攝於日內瓦。瑪麗在 1911 年撰文盛讚「愛因斯坦的成就絕對是第一流的。」

物理學家佩蘭

物理學家貝克勒

化學家德比埃爾內

物理學家拉塞福

推薦序

超越性別的科學家典範

邱美虹

我們必須要有毅力，最重要的是要對自己充滿信心。

——瑪麗・居禮

自一九〇一年到二〇二三年止，一百二十二年間榮獲諾貝爾獎的得主中，物理學獎共計有二百二十五位得主，其中女性獲獎者為五人，約占二%；化學獎共計有一百九十四位得主，其中女性獲獎者為八人，約占四%，女性獲獎人數甚低。截至二〇二三年，科學發展史中共有五位兩度獲得諾貝爾獎，瑪麗・居禮是唯一獲得物理學獎和化學獎的學者，也是獲此殊榮僅有的一位女性科學家，她是人類科學史上永遠的標竿。

瑪麗曾被愛因斯坦稱為「本世紀唯一未受盛名腐化的人」，因為她放棄申請對製造純鐳的專利權。在第一次世界大戰戰亂之際，居禮夫人帶在身邊的惟有一隻重達四十五磅（大約二十公斤）的鉛製箱子，裡面裝著法國唯一的一公克鐳，「鐳之母親」的美譽實至名歸。

縱使瑪麗在科學上的貢獻有目共睹，但在二十世紀初，女性在科學領域仍面臨許多挑戰與不公，諸如難以尋求體制內的高等教育、研究不易獲得同行認可，更甚者在籌措研究經費與爭取成立研究室，皆對女性提高了門檻。雖是如此艱難，瑪麗仍保持堅毅的信念與正向的態度。她曾說：「我們必須有毅力，最重要的是要對自己充滿信心。我們必須相信自己具有某種才能，而且無論代價如何，都必須將其實現出來。」

瑪麗和大女兒伊雷娜（Irène Joliot-Curie）先後獲得諾貝爾化學獎，其成就在國際上深獲重視。然而，即使有最高殿堂的科學成就認可，兩位終其一生都未能被法國科學院接受成為院士。如此可見，當時法國社會是多麼的保守。在一九〇三年居禮夫婦共同獲得諾貝爾物理獎時，瑪麗能獲得列名與得獎的機會是出於皮耶・居禮的堅持。皮耶這位傑出科學家伴侶的肯定與支持，對瑪麗來說意義非凡。儘管經歷過許多對女性不公之境遇，瑪麗依舊深信女性在科學發展的潛力，並且終生都在實踐她這個信念。

第一次世界大戰期間，瑪麗曾協助募得二十輛放射線車，利用這些車進行前線傷兵的 X 光檢驗，並協助建立二百個 X 光檢驗永久工作站，同時訓練一百五十位女性放射師，總共做了一百一十萬次的 X 光攝影檢驗，大約有十萬名傷兵因此受益。此外，她招收許多來自世界各地的年輕女性科學家進入她的實驗室，帶領她們成為傑出的科學研究人員。瑪麗曾說：

> 惟有改變個人，才能建設一個更美好的世界。我們每個人都必須為自己的進步而努力，同時，對於所有人類都需要承擔責任，尤其是針對那些我們最能幫助的人。（一九二三年）

瑪麗在教育方面的努力蔚為典範，她將實驗融入科學教育的方法至今仍不落伍，對此我有深刻的體會。二〇一七年時，我曾經代表國際純化學暨應用化學聯合會（International Union of Pure and Applied Chemistry, IUPAC），出席全球性別差異研究計畫聯席會議。（注）會議的主題是，討論在科學（Science）、科技（Technology）、工程（Engineering）和數學（Mathematics）等四個簡稱「STEM」的領域中，女性科學家參與科研與發表的現況，並確認能有效促進女性科學家投入STEM的方案，以便減少男女科學家在各方面的差距。趁著這次機會，我參觀了近在咫尺的居禮博物館（Musée Curie）。

居禮博物館於一九一二年建立，曾是瑪麗實驗室最後的所在地，如今是間典藏研究和科學文化的博物館。館內展示居禮家族的輝煌成就史：五位諾貝爾獎得主，包含居禮夫婦於一九〇三年共同獲得的物理學獎、瑪麗於一九一一年獲得的化學獎、居禮夫婦的大女兒伊雷娜和夫婿約里奧（Frédéric Joliot-Curie）於一九三五年共同獲得的化學獎、居禮夫婦的二女婿於一九六五年代表聯合國兒童基金會（United

注：全球性別差異研究計畫聯席會議由國際科學會（International Science Council）和一群科學組織所贊助，在法國巴黎大學（前身為索邦大學 Sorbonne University）的龐加萊數學研究所（Henri Poincare Institute）舉辦，與會代表主要來自聯合國教育、科學及文化組織（United Nations Education Scientific and Cultural Organization, UNESCO）和其他數十個科學組織。

Nations Children's Fund, UNICEF）獲得的和平獎。此外，我終於得以在此博物館看見原本只在書中出現的景物，它們是居禮夫婦百餘年前使用過的書桌、實驗器材、筆記本，以及裝著仍具有輻射性物品的鉛製箱子。當我穿梭在各展覽室之間，彷若置身於居禮夫婦仍在世的時空，親眼看著他們在這屋內進行數萬次的實驗與交談。霎時間，我與這兩位科學巨擘竟無時空隔閡，這實在是震撼我心的一次觀展經驗。

展覽的盡頭處是間紀念品店，書架上的一本小書《居里夫人的科學課：居里夫人教孩子們學物理》（注）吸引了我的目光。如獲至寶的我雀躍不已，因為縱使讀過許多介紹居禮夫人的傳記和書籍，這竟是我第一次看到瑪麗如何將物理學抽象的知識性概念，轉化成能夠動手操作的實驗流程與交互詰問的活動，也印證本書所說，「瑪麗發現了書本永遠沒法傳授的：重做一個實驗的感覺——不管成功或失敗（第71頁）」，以及這個過程所帶來的喜悅。

《居里夫人的科學課》提供實驗過程中如何以探究的方式認識物理現象，其中

注：Curie, M., Curie, È., & Isabelle Chavannes (1907). *Leçons de Marie Curie : Physique élémentaire pour les enfants de nos amis* (EDP Sciences, 2003). 強亞平譯（2011），《居里夫人的科學課：居里夫人教孩子們學物理》。北京：科學普及出版社。

最精采的部分是瑪麗對十來位孩子提問而展開的蘇格拉底式對話。孩子們並非被動的接受科學事實，而是由瑪麗透過觀察、引導提問和探究實驗的互動過程，培養孩子們的邏輯思考與反思能力。

瑪麗想要教導孩子的是學習科學的方法，以及對科學永遠抱持好奇心與熱情。譬如，瑪麗想要說明瓶子裡裝有空氣這個典型的實驗，一開頭她把一個瓶子的瓶蓋打開，問孩子這個容器裡面是否有東西，孩子的回答是有空氣。獲得這樣的回答，許多家長和老師也許都已經滿意孩子們的答案。然而對於瑪麗來說，她想瞭解這個回答的動機和思考。於是她追問孩子們是如何知道瓶子裡裝有空氣，這時便緊接著做一連串的實驗：她將一個瓶子以瓶口向上放入水中，另一個則是將瓶子以瓶口向下放入水中，藉此觀察瓶中的變化而進行討論。

瑪麗還會繼續追問：若將裝滿水銀的瓶子放入水中，是否會有不同的結果呢？這時孩子回答：水銀會沉到水底，因為水銀比水重。瑪麗仍再追問，那一小滴水銀是否比一大瓶水更加沉重呢？她一系列的實驗與問題是想要引導出這個概念：「必須在相同體積的條件下，才會得到水銀比水重的結論」。

類似這樣與孩子一來一往的問答，在書中不斷的出現，令人深刻感受到居禮夫人對於啟蒙孩子對科學的好奇心和推理有高度興趣，也同時帶出觀察、好奇、提問和思考的價值。這也反映出她自己在科學研究中是如何經由觀察提出有意義的問題，然後再透過實驗設計、觀察實驗的變化、詳實記錄、蒐集實驗的資料做為解決問題的證據，最後並給出合理的解釋與結論，她完全體現「在不疑處有疑，在有疑處不疑」的科學精神，而這樣一連串提出問題和解決問題的過程，正是探究與滿足好奇心的必經歷程。

百餘年前，瑪麗與其他幾位索邦大學的科學家，透過協同教學傳承科學專業，為下一代示範如何以科學知識與方法來探討自然的問題，並以啟發好奇心的方式來帶領孩童學習科學，當年如此先驅的探究思維與行動力，即使在今日看來仍令人深感欽佩。

瑪麗在年輕時不願參加募款活動，直至晚年方體認到若要讓實驗室更為茁壯，必須透過社交活動讓他人認識自己的研究理想與目標，如此的轉變對於她日後實驗室的持續發展以及人才培育，提供了具體的幫助。瑪麗認為透過實驗去證明論點最為有利，也經常因此廢寢忘食，只為得到更完整的實驗數據。她以實驗勝於雄辯的王道，在科學界立下不可撼動的地位與典範。她曾說：

我相信科學極美。實驗室裡的科學家不僅僅是個工匠，也像個孩子，目睹自然現象，像聽到神話故事般入迷。不可誤解科學的進展，以為不過是些裝置、機械之類——這些東西當然也自有其美。……我也不認為探險精神有消失之虞。若說我具備什麼重要的特質，那便是這份探險精神，根深柢固而又與好奇心密不可分。（第347頁）

瑪麗過世後，全世界一直有許多活動以她的名義舉辦，例如科學營、化學營，甚至自行車慈善活動，足以見得她有多大的影響力。至於應該如何稱呼瑪麗才符合社會期待，頗有討論的空間，有人認為必須加入她的母姓，稱她為瑪麗亞・斯克洛道斯卡居禮（Maria Skłodowska-Curie）。我則深感無論如何稱呼瑪麗，都無損於她對科學的貢獻與受世人的愛戴。同時，我認為「夫人」（Madame）一詞並無貶抑的意思，反倒是一種帶著尊敬態度的稱呼。

二〇一一年是國際純化學暨應用化學聯合會成立一百年，同時也是居禮夫人獲得諾貝爾化學獎一百年，聯合國為了慶祝這兩件事，訂定二〇一一年是國際化學年（International Year of Chemistry），一併紀念化學對人類文明的貢獻以及女性為科學的付出。我和學界友人為此出版一本慶祝居禮夫人獲得諾貝爾化學獎一百年的英文書籍（注），在資料收集過程中曾拜讀過本書《居禮夫人》，惠我良多。值得一提的是，同年波蘭化學會在首都華沙舉辦一場慶祝會，我很榮幸獲邀出席，並做專題報告。在會中遇見居禮夫婦的外孫女、法國知名的核物理學家——朗之萬約里奧（Hélène Langevin-Joliot）。當時我有機會與她短暫互動，並請她在那本我和學界友人編撰的專書上簽名，她專注的神情讓我彷彿正面對著瑪麗，那神韻與書中瑪麗專注的模樣如出一轍，我一時間感動得無以名狀。而我與瑪麗的緣分並未止於此，本次能有機會為《居禮夫人》寫推薦序，甚感榮焉。

本書作者紀荷是著名編劇、記者、作家，並曾任法國婦女部部長、文化部部長。她將《居禮夫人》分成六個主題：屈辱、天才、盛名、醜聞、間奏和雕像，合計二十六章，把居禮夫人一生所展現的聰慧與膽識、堅強與信心、進取與克己、驕傲與寂寞、挑戰與挫折，以及對科學的熱愛與堅持表達無遺。

注：Chiu, M. H., Gilmer, P. G, & Treagust, D. F. (2011, Eds.). *Celebrating the 100th anniversary of Madame Marie Sklodowska Curie's Nobel Prize in Chemistry*. The Netherlands: Sense Publishers.

紀荷對瑪麗的推崇並不單是學術上的成就，而是瑪麗在歷經波折的人生中，散發出來令人印象深刻的堅毅、獨立和韌性的個性，以及對科學的執著與辛勤又嚴謹的工作態度。透過紀荷的文筆，讀者看到的瑪麗除了是一位理性的科學家以外，她對科學教育的重視、對後進的提拔、對女性在研究職場應受到與男性同等待遇的堅持，以及對兩位女兒的因材施教，讓人感受到她的多元面貌，並深受啟發。

這是一本認識居禮夫人的入門書，我們能透過本書走進一位女性科學家的世界，與她一同面對科學與生命中的各種挑戰與挫折，克服磨難而獲得重生。

國立臺灣師範大學科學教育研究所名譽教授

前言

盛名之外，高貴又美麗的靈魂

一個人心靈的高低貴賤，可由他的需求衡量出來。看他要的是什麼，便知他的價值。

——瓦萊里（Paul Valéry）
法國詩人、評論家、思想家

愛因斯坦說瑪麗．居禮是「唯一未受盛名腐化的人」。是什麼樣的原因，讓這位本世紀最富盛名的女子不致腐化？當然是因為她是女子——這解釋也許太簡略，卻恐怕是正確的。

我讀到愛因斯坦的這句讚語，便像在海邊撿到一粒可愛的小石子般，揣在懷裡，時時以手指摩挲。後來陸續又拾了些小石子，同置袋中，直到有一天，這些石子凝聚起來，幻化成一名女子模糊的臉。這張臉會生氣、有趣味，讓人心醉神迷，完全不像我在學校裡唸書時所知道的她。

在一個人過世之後，嘗試根據所遺下的線索去了解此人，會發現諸多不同說法。這本書就是我的說法，我對瑪麗．居禮一生的闡釋，我在不期然遇見她，再也甩不脫她的身影之後，所看出的她的一生——她於我，像是一個灰眼珠的女巫師。

這不是一部學術著作，沒有大堆注腳可資證明作者的學術地位。不過，書中還是有多處需要解釋，因為讀者不一定熟悉一八六七年到一九三四年間，瑪麗．斯克洛道斯卡居禮生存的那個年代，科學界與政壇的狀況。

這個驕傲、熱情、辛勤工作的女子，在她的年代地位重要，原因是她有野心也有能力扮演重要角色。她在我們的時代仍然地位重要，因為瑪麗．斯克洛道斯卡居禮與原子能有直接關係。而原子能，也正是她致死的原因。

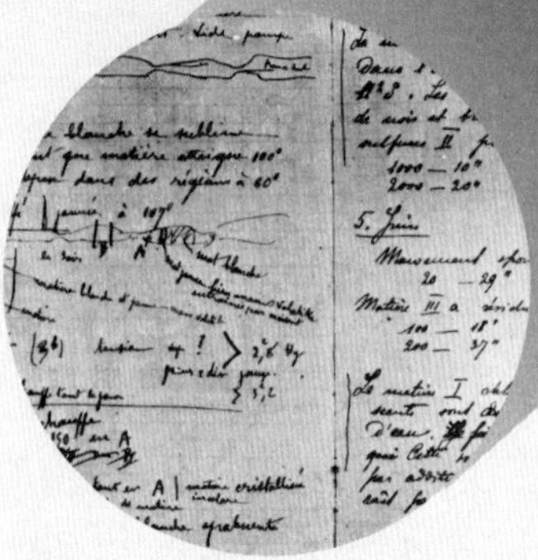

第一部 屈辱

瑪麗的心碎了。

但與她的驕傲相比，心又算得了什麼呢？

第一章

直到今天，華沙有些人仍然記得那個老人。他總是坐在瑪麗．居禮銅像前的廣場上，凝視銅像許久。這位工藝技術學校（Ecole Polytechnique）的數學教授凱希米．佐洛斯基（Casimir Zorawski），在他二十歲時若是稍微勇敢一點，對抗他父母的反對，瑪麗和他便會結婚，而科學史也要改寫了。

這段插曲本身並不重要——只不過是一段年輕的戀情，不足以填滿如此豐富人生的一個篇章。但是這件事恰好能映照出瑪麗是個怎樣的女人，因此值得詳細描述一番。

受到對方父母的排拒，瑪麗羞愧欲死，但是她的思路仍然明晰：這位英俊的年輕人，雖然騎馬、溜冰、跳舞樣樣皆精，淑女名媛莫不視之為良匹，但終究也只是凡人。

瑪麗的心碎了。但與她的驕傲相比，心又算得了什麼呢？「那段日子非常難捱，可算是我一生中最難堪的時刻。唯一能讓我回憶起來還堪告慰的，是我光榮退出，頭抬得高高的。」

瑪麗被自己的熱情衝動嚇倒，決心築起冰冷的高牆。「我的本性強烈，需要克制。」在十八歲的妙齡，她已經充分認識自己的價值。她常常自問：「我是誰？我要做什麼？」答案是：她要做個「出色的人」。

二十三歲那年，瑪麗一度想放棄這信念。她在給姊姊布洛妮亞的信上說：「想到我那虛擲的才華，我便心痛。本來一定可以成就些事的。」

致哥哥約瑟夫的信上也說：「現在我失去了出人頭地的希望，心願全放在布洛妮亞和你的身上了。」

那麼，瑪麗究竟會成為怎樣的人呢？她會不會接受「女人的宿命」呢？她從來不這麼想。瑪麗的天賦、所受的教育、人生觀，以及對事業的野心，都讓她不能接受。可是一八九一年九月，瑪麗獨居在波蘭南方邊境小鎮札柯潘（Zakopane）時，那個叫凱希米・佐洛斯基的男子似乎能帶給她這樣的命運，而她也有意接受。

再兩個月，瑪麗就滿二十四歲了。家境貧寒，相貌不美（她有了些年紀以後才好看起來），最高學歷不過相當於大學畢業，她怎麼能夠成為「出色的人」？再說她心繫凱希米，她在等凱希米求婚。

這又害羞、又自信，有些神經質的小女人，究竟是什麼出身？瑪麗與土地、與自然，似乎有一種近乎神祕、非常親密的關係。她需要生活在樹叢之間、在開闊的天空之下。花木在她的照料下繁茂昌盛，馬兒在她的調教下溫順馴良。

故老相傳，斯克洛道斯卡家族原是斯克洛迪領主（the lord of Sklody）家的佃農。

十九世紀初家道中落，但是瑪麗的祖父約瑟夫力圖振作，他受過良好教育，後來成為小學校長。

約瑟夫和他那一代的愛國志士一樣，在一八三〇年拿起武器，反抗統御波蘭的俄國沙皇尼古拉一世。尼古拉受到法國大革命的刺激，正準備發動波蘭軍隊，遠征法國，結果波蘭軍官嘩變。這只不過是波蘭歷史上反抗外國占領的多次變亂之一。這次，一支俄國軍隊奉命敉平叛軍，波蘭軍向法國求援，得到的答覆卻是：「不管怎麼說，暴亂總是罪行。」所以波蘭軍潰敗，法國政府難脫共犯之責。正如法王路易菲利普誇稱：「俄國人掃平波蘭，應該感謝我們這些外國政府。」波蘭這民族命途多舛，多少外國企圖讓它從地圖上消失！

鎮壓極其殘酷。有些家庭遭到流放，波蘭士兵強制整編入俄軍行列。貧苦人家的兒童被送往俄國，還有大批人被捕下獄。可是波蘭不論是在俄羅斯、普魯士還是奧地利的統治之下，總是不斷反抗，前仆後繼。約瑟夫．斯克洛道斯卡的一兒一女便都參加了他們那一代的抗爭活動。

但約瑟夫七名子女中的老大，也就是瑪麗的父親，卻不像家裡其他人那樣堅毅。他是學者型的人，喜歡音樂、文學和科學。為了多受教育，他向體制妥協，去唸俄語大學——只有取得這所大學的學位，他才能在公立學校裡教書。接著他又娶了一個年輕漂亮的妻子，這位棕髮灰眼的女子，家裡原是地主，但已在波蘭的戰亂中毀了。

她也是教師，受命擔任一家寄宿學校的校長，這所學校專供家境富裕的女孩就讀，她自己當年也是該校出身。學校在福瑞塔街（Freta Street）上，校長的宿舍是一間小小的公寓。八年內，斯克洛道斯卡夫人就在這裡生下她的五名子女。

瑪麗是最小的孩子。在她出生前四年，一八六三年一月十五日至十六日的夜間，警方大舉逮捕華沙城裡有顛覆傾向嫌疑的年輕人，強制他們加入俄軍。這事再度引發暴動，無望的鬥爭持續了十八個月，結果是華沙城牆上樹立起五座絞刑架，五個反抗運動領袖的屍首懸掛在繩索上晃盪。

「打倒波蘭人民，打到他們斷了生念！」普魯士首相俾斯麥曾經這樣主張。他說：「我有點同情他們的處境，但我們若想生存，唯一的辦法就是消滅他們。」

他自己是為達此目的無所不為。那時已經有五百萬波蘭人在其轄下，一八七〇年普法戰爭爆發，八萬波蘭人被普軍抓伕。另外一千八百萬在俄羅斯統治下的波蘭人也知道自己不必期望寬貸。繼尼古拉而為沙皇的亞歷山大二世說過：「別妄想。我父皇的所作所為完全正確。」

就在瑪麗出生那一年，俄羅斯治下的波蘭連這名字也保不住了，改名叫「維斯杜拉領土」（Vistula Territory）。天主教教義也必須以俄語講授，俄語逐漸取代波蘭語，成為官方語言。箝制加緊了。

斯克洛道斯卡家孩子的成長過程中，波蘭歷史上的這些創傷都深深影響著他們周圍的道德、社會和家庭環境。

瑪麗生來具有三項秉賦，讓她成為老師鍾愛的明星學生：記憶力特佳、專心學習、渴求知識。

家人常喜歡談論瑪麗小時候的三件事。

第一件，發生在瑪麗四歲時。她隨父母走訪鄉間的親戚，在農莊上度假。五個孩子在田野間奔跑、爬樹、玩水、照料馬匹，在穀倉裡捉迷藏，那是他們的天堂。可是做父母的卻在憂慮孩子們的教育問題。布洛妮亞七歲了，在入學之前應先學會認字。入學申請表是她自己填的，用瑪麗為她撿出的硬卡紙字母。

一天早上，布洛妮亞正艱難的辨識父親手上一本圖畫書的文字。瑪麗愈聽愈不耐煩，一把搶過來，讀出第一個句子，全無困頓。一屋子的人都驚住了，啞然無聲。瑪麗看到自己造成這樣的效果，得意的繼續唸下去。唸到一半，她忽然醒悟到這樣的行為是多麼不禮貌，幾乎是不可原諒。她掉下淚來，結結巴巴的道歉：「我不是故意的，只是因為這太簡單了。」

第二件事發生在斯家姊妹就讀私立小學之時。她們都打著小辮子，穿著深藍色制服，白色衣領漿得硬挺。那天早上，上的是歷史課。瑪麗才十歲，也沒有多麼用功，卻與長兩歲的姊姊海拉在同班上課。

老師問到，史坦尼斯瓦夫・奧古斯特何許人也？瑪麗回答：「史坦尼斯瓦夫・奧古斯特・波尼亞道斯基（Stanislas-Auguste Poniadowski），一七六四年獲選波蘭國王。他很英明，了解王國衰落的問題所在，力求解決。不幸，他欠缺勇氣。」

老師很高興，要她繼續講。這位老師違反當局規定，正在用波蘭語向二十五個聽得入迷的女學生講述波蘭歷史。女學生面前的課桌上擺著筆記本和波蘭文課本。

忽然之間，鈴聲響起。

過了一會兒，教室門打開，督學洪伯格走進來，後面跟著面色蒼白的女校長。女學生們抬起頭來望著他們，一臉純潔無辜，手裡各拿著一方布，正在刺繡，桌上放著剪刀、繡線等物。老師面前則攤開著一本俄文書。

女校長開口了：「這堂是女紅課，督學先生。孩子們每週學兩小時女紅。」

洪伯格打開一張課桌的抽屜。空的，什麼也沒有。

原來鈴聲是門房發出的暗號，等督學來到課室門口，波蘭文課本和筆記本早已藏到住宿生宿舍裡去。

洪伯格找了個椅子坐下，準備口試，由女教師挑選一個學生應答。當然是瑪麗出馬，她在班上樣樣第一：算術、歷史、文學、德文、法文，她說的俄語字正腔圓，還帶點聖彼得堡口音。

這樣的差使，多少小學生都以半是悚慄、半是驕傲的心情擔任過，但對瑪麗這波蘭孩子來說，卻像一場酷刑，因為她十分害羞。督學所提的問題廣泛又細微：

「列舉凱瑟琳二世以來，統治偉大俄國的歷任沙皇。」

「列舉皇室所有成員的名字和頭銜。」

「在統治階級中，沙皇的位階如何？」

「我的頭銜是什麼？」

瑪麗表現得完美無瑕。

要想確定這私立小學的課程安排是否得當，還能問些什麼呢？他想到了：

「告訴我，誰統治我們？」

教師和校長都呆住了。二十四個嚇壞了的女孩子，命運全取決於瑪麗的回答。

瑪麗猶豫不語，僵立在那裡。

「說啊！誰統治我們？」洪伯格催問。

「全俄羅斯之王，亞歷山大二世陛下。」

洪伯格站起來，走出去，轉往下一間教室視察，校長尾隨其後。

「瑪麗，過來。」老師叫她。

這孩子離開座位，走向前。老師吻了她一下。瑪麗抽泣起來。被迫在俄國督學面前卑躬屈膝，誠為極大的侮辱，她終其一生無法忘懷。

第三件事也發生在同一時期。一天晚上在餐室裡，孩子們照例在用過茶後，大聲複誦當天的課程。瑪麗埋首看書，手肘放在桌上，大姆指捂住耳朵，防堵噪音。同學們看她那樣與世隔絕的樣子，常常覺得好玩。

這天，頑皮的韓莉表姊和海拉、布洛妮亞合謀，趁瑪麗入定時，在她身邊堆滿了椅子，屏住笑聲在旁守候，要看瑪麗的笑話。

時間一分一秒的過去，瑪麗一無所覺。忽然她移動座椅，四周的障礙物嘩啦啦倒下，女孩子們開心的大笑。瑪麗站起來，揉搓撞傷的肩膀，然後撿起書本，丟下一句「蠢事」，神態儼然的走出去。

少女時代的瑪麗便不喜歡別人惡作劇，損及她的尊嚴。長大後仍然如此。她放不開，全無幽默感，任何事情都嚴肅看待，尤其是對待自己。這樣的天性也許不太討人喜歡，卻常常是支撐她的力量。

布洛妮亞高中時代，由於成績優異，曾獲頒金質獎章。瑪麗若沒得此獎章豈非怪事？不錯，她十五歲就得了。

只是在成功的壓力下，瑪麗崩潰了。「神經問題，」醫生含糊其詞。後來她又多次崩潰，顯示出她有一部分的人格是脆弱的。

難道是斯家做父親的督促兒女太嚴格？這位父親以兒女為榮，男孩女孩一視同仁，一力豐富他們的心靈，增廣他們各方面的知識，激勵他們的求知慾。

實情顯然也非如此。約瑟夫、布洛妮亞和海拉的成績都不差，瑪麗更不需要別人督促，相反的，她還需要別人往後拉呢。瑪麗第一次精神崩潰之後，父親便警覺到這一點，送她到鄉下一位叔叔那兒去住。瑪麗在那裡度過了一個冬天，隨後母親的一位昔日學生又邀她和海拉去共度夏季。

才到那兒不久，瑪麗寫信給一位朋友說：

「我成天無所事事。沒讀什麼嚴肅的書，只看些療傷止痛的淺俗小說。我已經感覺遲鈍，有時候自覺好笑，頗滿意於這全然愚昧的狀態！」

對這「事事放在心上」，感情相當脆弱的小女孩，生命的前十餘年真是充滿災難。八歲時，大姊蘇菲亞年方十四就死於斑疹傷寒；滿十一歲前，母親死於肺結核。母親的病是在瑪麗剛出生時便發現了，因此大人從來不讓瑪麗親吻母親，也沒有告訴她為什麼——當時的人理所當然的不認為需要向孩子解釋，而斯克洛道斯卡一家在某些方面實在是相當守舊的。

瑪麗的母親信仰虔誠，她的早逝動搖了瑪麗對宗教的信念。她後來稱幼年純潔的宗教信仰為「失落的幸福」，先是感覺遭到背棄，爾後則對宗教漠不關心。

瑪麗的父親伍拉迪斯勞．斯克洛道斯卡的教職有了變動，升任高級中學的助理督學，仍然擔任物理和數學課程。斯家遷出福瑞塔街，搬到中學分配給他的公寓。他任職謹慎認真，可是在一八七三年，有一天他度假回來，發現辦公桌上躺著一張通知：他被開除了。學校的俄籍校長認為他不夠熱誠，不足以擔負助理督學之職。

現在，他怎麼養活一家大小呢？

他決定效法許多中產階級家庭在家境轉壞時的做法：招收住宿學生。首先遷居到另一間公寓，帶著他們的假皮長椅、古董扶手椅、孔雀石鐘、法國塞夫爾陶杯、提遜（Titian）風格的畫，以及大夥兒一塊做功課的大書桌。他們騰出空間，先是收留了兩個，然後三個、五個、十個學生。他們在這裡吃、住、補習。

這不幸的人在沮喪、過勞之下，做出他此生唯一一件魯莽的決定：他把所有的積蓄交給姻兄，代他投入當時看來機會很好的投機生意，結果這三萬盧布泡了湯，他愧恨不已。

不過，斯家倒也沒有生活在愁雲慘霧中。這家人熱愛生命，也彼此相愛。他們像是一個忠誠相守的小部落，錢財雖屬必要，但在他們的價值體系中卻無地位。

孩子們只知道有幾種財富值得欣羨：文化、知識、學問，而在他們心目中，父親正擁有這些財富。確實，這位謙和謹慎的波蘭教師不僅密切注意己身專長——物理學的最新發展，還擁有當時一般知識階層的廣泛興趣。那年代，尤其是在東歐，很多知識份子都能說四種語言，懂得希臘文和拉丁文、熟讀詩篇，有的還能賦詩。在那樣的年代，人愈是遠離文明火炬，愈是遺世獨立，愈渴望攫住那文化之火，靠近它取暖。

每個星期六的晚上，這一家人都會圍坐在茶爐旁，聽父親大聲朗讀英國、法國、德國或波蘭的文學作品，父親隨後會針對這些作品發表評論，有時候當然不免有點裝模作樣，因為有四雙澄澈的眼睛專注的看著他，痴迷的聽著他。母親已逝，家境蕭條，桌布或許已經破舊，餐桌或許已經磨損，衣服不再漿挺，食物時有不足，但這家人在精神上卻是豐足的。

在離家一年多的那段期間，瑪麗時常寫信。從信件看來，她的精神已經恢復。這個性嚴肅的青春少女正在尋找生活的樂趣。

「我不能相信世上還有幾何學和代數學這種東西……我已經忘光了。」

「啊！此地的生活真是愉快！很熱鬧，又有一種你無法想像的自由、平等和獨立。」

「上週六，我嘗到嘉年華會的歡樂滋味，我恐怕再也不會有這麼快活的時光了。」

「這場盛會從頭至尾氣氛熱烈。我的男伴是克拉高人（Cracow），很帥、很高雅。早上八點，我們就在大天光下跳了一支馬滋卡舞（mazurka，波蘭的輕快舞曲）……我跳個不停，在跳華爾滋的時候，好幾支舞都是早有男伴預定了的。」

「生活美妙極了。我在學划船，已經有進步。至於游泳，我更拿手。」

以她和姊姊為首，這群快樂的少年男女簡直要給大宅的主人寵壞了。騎馬、趕集、跳舞、吃喝，時光如飛而逝。

「我們變所有想得出的花樣，有時候晝伏夜出，有時候行徑瘋狂到應該要關禁閉的地步。」

有一次跳了一夜的舞，黎明時分回去時，腳上那雙古銅色的舞鞋已經穿破，該丟了。

「我只能說，終此一生，大概再也不會這樣快活了。」

生命中愉快的插曲結束，畢竟瑪麗已經十六歲。

斯家的孩子不能再稱作孩子了。約瑟夫高大健壯，在醫學院唸書；布洛妮亞接管家務，烹飪縫補無所不能。可是大學不招收女生，使她氣忿難平。家裡的美人兒海拉在學唱歌，瑪麗則給人補習。「擁有學位的年輕女性，教授算術、幾何和法文，學費廉宜。」廣告詞上這麼寫。但她的目光仍專注在學術的殿堂。

一天，瑪麗在書上讀到這樣的句子：「伯納德（Claude Bernard）穿越索邦大學（Sorbonne University，原巴黎大學神學院，後為該大學理學院及文學院）的中庭……。」在她心目中，索邦大學正是通往學術殿堂的大門。她怎樣才能進這道大門呢？華沙有很多年輕男女，想靠著當家教，存點錢出國唸書。斯克洛道斯卡先生煩惱不已：若不是他做了那筆倒楣的投機生意……。眼看著，靠他那微薄的公務員退休金，連孩子們的溫飽都維持不了。而這些孩子，他曾經夢想著目睹他們在科學的天空裡展翅高飛的呀。

瑪麗現在很健康，也比以前漂亮：皮膚細嫩，金髮飛揚。她後來愈變愈美，但自己從沒多注意外表，倒不是出於謙抑，而是因為心高氣傲。

在大多數女孩都愛站在鏡子前做白日夢、試結各色髮帶的年齡，瑪麗卻請韓莉表姊幫忙，把一頭鬈髮剪短了。這是什麼樣的一種心態？不能簡單的解釋為想棄絕她的女性特色，因為不論從她的私人日記或友人通信，或是她的整個人生方向中，都看不出她有這樣的傾向。瑪麗這麼做，是表示她對細瑣小事的不屑一顧——這兩種心態是有區別的。

不過，瑪麗確實是想棄絕天性中動物性的一面，諸如饑餓、寒冷、瞌睡和經常感冒。據她父親說，常感冒是因為她「從不隨天候變化加減衣裳」。這些生理弱點是她僅有的軟弱跡象，正如當她極力控制脾氣的時候，不免洩露出的一絲火爆。

斯家的女兒如同那時代有教養的年輕人，能說五種語言，會刺繡、會彈一點鋼琴，繪畫、溜冰、游泳、跳舞皆所擅長。她們又有節儉的美德，因小時候母親親手納鞋底的畫面過於深刻。

她們所煩惱的不是衣服的顏色和式樣（「那樣就很好看了。」瑪麗寫道），而是找不到脫離困境的出路。

結婚？她們沒作此打算。倒不是存心避免，而是不曾以此為目標，甚至認為這可能會妨礙她們對教育的渴求。在她們心目中，教育與婦女解放密不可分，而婦女解放，在她們看來是社會進步的主要因素。

瑪麗那一代的叛逆女性相信，只要給她們機會，她們會證明自己在智力上比起諸男性也毫不遜色。但是她們要受高等教育才能證明這一點。要怎樣才能受高等教育呢？

布洛妮亞剛滿二十歲，瑪麗十七。她們有共同的夢想、偉大的計畫，誓言要互相幫助，達成目標。

姊妹倆相親相愛，直到瑪麗去世仍是如此。布洛妮亞熱情洋溢、溫暖關懷、無微不至，對這位小妹妹極其友愛。瑪麗則含蓄內斂、頑固強硬，從不對人訴說衷曲。惟有在布洛妮亞面前，她敞開心懷，無所不談。

若有人能見到瑪麗沮喪、流淚、求助的時刻，那一定是布洛妮亞。她總是保護、安撫瑪麗內心深處那一份柔弱，而瑪麗也很篤定，只要有布洛妮亞在，她永遠可以投向她的懷抱。這份「總可以倚靠布洛妮亞」的信心，可能也促成瑪麗後來對待其他女性的態度。女性，在她的一生中始終扮演重要角色。顯然她覺得遇到任何事情，總是可以在女性而非男性友伴的身上尋得支援的力量。

不過，在這個時刻她沒有哭，倒忙得很。一個名叫皮亞西嘉的小學教師，介紹她加入「地下大學」。這是一個心懷大志的小團體，成員多半是年輕女性，只有少數男性。他們是狂熱的愛國主義者，又對實證主義著迷。皮亞西嘉本人比瑪麗年長許多，她的男友原是大學生，因從事顛覆活動而被學校開除。

波蘭人的反抗運動綿延未絕，但是灑了這麼多鮮血，這麼多次的起義失敗，幻想早已破滅，運動本身也失去它的浪漫意味了。

整個歐洲的感性與宗教浪潮也在消退——機器時代無情的唯物主義，本來指望藉感性與宗教來彌補。新的訊息自巴黎傳出，越過法國邊界，抵達與世隔絕的波蘭，進入各圖書館，與年輕的心靈結合——那是孔德（Auguste Comte）的「實證主義哲學道路」。英國也傳來史賓塞（Spencer）的進化論哲學，適者生存的觀念，震撼了波蘭。

華沙的知識份子展開熱烈討論，不再參與「徒勞無功的荒誕（抗俄）計畫」，力圖把「適者生存」的新科學原則應用到波蘭社會來，也應用到解放波蘭的鬥爭上去。顛覆，不再採取武力的方式，而藉著知識的傳播。知識份子要教給民眾的，不是如何製造、丟擲手榴彈，而是點燃他們心中的火——這正是社會進化的祕訣。

「地下大學」做的就是教育群眾的工作。成員互相傳授知識，再將新習得的知識轉授出去。他們晚間在某個成員家中聚會，一些大學教授冒著入獄的危險，來此教授歷史、解剖學、社會學等。

瑪麗起先心存疑慮，但不久便極其熱中起來，還把布洛妮亞也帶了去。才十七歲，她已經不再相信宗教，而在實證主義中找到理性的架構和進化的信念。從實證主義觀點來看波蘭的現狀，也讓她找到行動的方向。

瑪麗曾寄一張照片給朋友，照片中她和布洛妮亞並肩而立。瑪麗在背面寫著：「致一位理想的實證主義者：兩個實證的理想主義者贈。」可能對她發生影響的另一股力量是馬克思主義。她身邊另一群研究馬克思的朋友，認為實證主義是妥協方案，是對資產階級的卑躬屈膝。但是今天回顧，從瑪麗一貫的立場看來，這種激進思想並沒有真正為她所接受。

瑪麗在生命的晚期，曾經追憶起這段日子，在沙皇鷹犬的鼻息之下，她如何將知識的火焰帶進一家成衣廠，為工人設立圖書館。她寫道：「我們所能做的不多，效果也有限，但我至今仍相信當年引導我們的理念，是真正能帶來社會進步的唯一理念。不先提升每個人，不可能建立更好的世界。」

無怪「地下大學」的師生獲悉俄國當局不怎麼憂慮他們的祕密活動時，會感到失望了。不過，信仰社會主義的那群學生處境卻艱難得多。他們當中約兩百人被捕，其中幾人遭槍斃，他們的領袖死於獄中，據說是餓死的。

在瑪麗的一生中，這段時期雖短暫，卻緊湊。瑪麗無師自通的累積了許多知識。在她所做的筆記中，普魯東（Sully Prudhomme）、布朗（Louis Blanc）、杜斯妥也夫斯基、繆塞（Musset）、勒南（Renan）和伯特（Paul Bert）等大作家的身影交疊出現。

一八八五年九月，十七歲的瑪麗懷抱著滿腔雄心和理想，前赴一家職業介紹所，想找一個固定的工作。

今天遙想大科學家瑪麗・居禮「要在一個好人家找份工作」，很多人可能大為感慨，或認為這恰恰證明了她的獨立精神和特立獨行。事實上，年輕未婚的女子做有錢人家孩子的家庭教師，在當時是很普通的事，而且不僅波蘭，法國文學作品中有很多這類描述。

再說，瑪麗也別無選擇。值得注意的，倒是她支配薪資的方法。

布洛妮亞給人補習兩年，存的錢夠付她前往巴黎的車票和第一年的大學學費——「是索邦大學，」瑪麗說。她是除卻索邦，心目中別無大學了。

布洛妮亞申請到索邦了。可是接下來幾年的學費還沒著落。學醫要很長的時間，她現在去不去得成？還是得再多等一段時間？

一定是開過家庭會議，達成協議。布洛妮亞即可啟程，瑪麗寄錢支持她。瑪麗的工作供食宿，可以把薪水全部省下來給她。「等你當了醫生，」她說：「你可以反過來供我讀書。」

布洛妮亞有沒有遲疑過讓小妹妹為她犧牲？瑪麗的求學計畫得延緩五年，為何不能讓瑪麗先去唸書？

「你二十歲了，我才十七。我們務實一點吧。」瑪麗說。於是布洛妮亞走了。

第二章

單身出門，獨居巴黎、倫敦或柏林——二十歲左右的法國女子很難想像這樣的生活，東歐女孩卻習以為常。有這份行動自由的觀念，瑪麗才得以展開她的學術生涯。

在最艱苦的時期，瑪麗寫信給哥哥說：「我相信你會處理得很妥當。『良家婦女』總是有許多不便，但我仍希望不要全然埋沒，籍籍無名。」「良家婦女」當然有所不便，好在瑪麗至少不為自己製造困擾，篤信自己的獨立自主是不須言說的。她也從不打算勉強自己改變害羞、膽小、魯莽的個性。

職業介紹所很快的為瑪麗安排了一個華沙的律師家庭。

當年十二月，瑪麗寫信給表姊韓莉，文字既佳，觀察亦敏銳：

這是一個地獄。就連我的死敵，我也不忍心讓他住在這裡。我和B夫人的關係其冷如冰，已經再也不能忍受。我也坦白相告了。她同樣厭惡我，我們彼此倒是充分了解。

像很多有錢人家一樣，這家人在一起時講法語——低俗的法語。帳單可以積壓六個月不付，吝嗇到苛刻點燈用的煤氣，卻大把大把的亂花錢。家裡用了五個僕人，假裝態度開放、思想自由，其實蠢到極點。他們用甜如蜜糖的聲音詆毀別人，沒有一個人不受他們言詞毀傷。在這裡，倒是有機會對人性有更多認識。我現在知道，小說裡描寫的那些人物真的存在。我也學到，絕不要和那些被財富腐化的人有任何瓜葛。

另有工作機會，瑪麗便離開了。新的工作薪水較高但地點極偏遠——從華沙要先坐三小時火車，再坐四小時雪橇。離家這麼遠，到這樣荒僻的地方會不會痛苦難耐？即使會，她也沒有表現出來。一八八六年一月一日，「瑪麗小姐」開始在佐洛斯基家上工了。

這家裡有佐洛斯基夫婦，兩個女兒，各是十八歲和十歲，兩個小小孩。此外有三個兒子在華沙唸書。另有僕人若干名，養了四十匹馬、六十頭牛。

從瑪麗的信中，可以想像這座鄉野間的大屋，有遊廊、有棚架，廚房裡是陶製的大灶，庭院草坪大得可以打槌球。還有紅色屋頂的穀倉、馬廄、牛舍。賓客來來去去，共坐飲茶、聊天或靜思。這景況不免讓人聯想起契訶夫（Chekhow）筆下的世界。

佐洛斯基先生種植甜菜出售，收入不惡。從瑪麗房間的窗口望出去，外面是兩百多畝的甜菜田，和一座甜菜糖廠，上面有冒著煙的煙囪。農藝家佐洛斯基掌管著這一大片農地，也是糖廠的大股東。

佐洛斯基先生能幹又開朗，「是個老派人，可是常識豐富、為人明理，挺可愛的。」瑪麗這樣形容。佐洛斯基先生的妻子原是教師，現在飛上枝頭做鳳凰了，但是「只要知道怎麼跟她打交道，她其實蠻好的。我想她還蠻喜歡我」。

這家的大女兒很討人喜歡，「是希世之珍，」瑪麗寫道：

> 這一帶的年輕人乏善可陳：女孩子輕易不開金口，雖然舞藝都頗精，人也不壞，有些還很聰敏。只是她們所受的教育並沒有開啟她們的心靈。這裡的節慶活動很頻繁，結果只讓她們的頭腦更散漫。至於男孩子，幾乎沒有一個好的，連一個聰明的也沒有。「實證主義」、「工人階級的問題」這類詞語，他們根本沒聽過。相形之下，佐洛斯基一家太優秀了。

簡言之，瑪麗在那兒可算是個女學者，而她能託身佐洛斯基家，實屬幸運。佐家當然也同樣幸運。

「你可以想像，」瑪麗寫信給韓莉：「我在這裡堪稱典範。週日必上教堂，從不假託頭痛、感冒賴在家裡，幾乎從來不談女性的高等教育問題。總而言之，我言行謹守本分。」

因此，「瑪麗小姐」也就受到別人的尊重甚至喜愛。

不過，這位實證主義者的理想成分並未消失。不久，瑪麗便想在這鄉間做點啟蒙工作，相當於把「地下大學」的理念應用到那些年輕、貧窮而無知的農民身上。佐家的大女兒布朗嘉把瑪麗這大膽的計畫告訴佐洛斯基先生，而他基於對瑪麗的好感，也就默許了。

靠著布朗嘉的積極協助，瑪麗找來了十二個孩子，每天兩小時在瑪麗的房間裡學習讀、寫、背誦本國歷史。

孩子們是從一座由田野直通瑪麗房間的樓梯上來的，那時候這樣的教學活動仍被視為顛覆行為，因此樓梯上稍有響動，黑板便立刻收起來，外面能看到的只有俄文字母。其實他們並沒真正遇過危機，有時候孩子們的父親也都擠進房來，熱切的看著小兒女堂堂進入知識聖殿。

如此過了一年，佐洛斯基家的三個大男孩從華沙返家過聖誕節，那不可避免的事情便發生了。長子凱希米愛上了瑪麗，他從未見過這樣的女子。

瑪麗沒把她自己的感受告訴任何人。也許她還分說不清，不能承認陷入凱希米為她設下的情網並不明智。可是，經過次年夏天，一整個暑假兩人一同散步、跳舞、騎馬、聊天之後，她顯然是準備嫁給他了。佐洛斯基夫婦當然反對。為什麼要娶一個家庭教師？何況旁邊還有五個嫁妝豐盛的年輕女孩可供選擇。

凱希米原以為父母一定會同意，如今只好心煩意亂的回華沙去，繼續研讀農藝。但他沒有放棄。瑪麗則忍氣吞聲的留在佐洛斯基家。這裡的待遇好，她不能辭工不幹，況且布洛妮亞正在巴黎孤軍奮戰，仰賴她這份薪水過日子呢。

凱希米走後，瑪麗表現得非常平靜自持，佐洛斯基一家也就一句話也不多說，留下這位優秀的女教師。

日子就這樣彷彿什麼也沒發生的過去。瑪麗內心的痛苦，只能從一些信件中看出。像這封寫給哥哥的信，談到姊姊海拉原本準備結婚，後來卻未成的事：

> 我可以想像海拉的自尊心受到多大的打擊。這種事真讓人看穿了他們的另一面！他們不願娶窮人家的女兒，就讓他們去死吧！可沒人求著他們。可是他們憑什麼羞辱海拉？為什麼要去擾亂這無辜女孩的寧靜？
>
> 你問我對未來的計畫，我沒有，或說是太平凡無奇了，不值一談。反正我就是盡力而為，撐不下去的時候就向這世界道別吧。我的離去不會給這世界造成什麼損害，人家不會太懷念我的。

這是我目前僅有的計畫。有人說，不論如何我總要染上幾場名叫「愛情」的熱病，這可完全不在我的計畫之內。過去我有一些別的計畫，後來都煙消雲散了。我把過去的夢想埋葬、封鎖、遺忘，原因正如你所深知，嘗試實現那樣的夢有如以頭撞牆，牆永遠比頭來得厚實堅硬。

次年的心情也無好轉，瑪麗寫道：「只要能再過獨立自主的生活，有自己的家，我願付出一半的生命。」

接下來還有漫長的三年，瑪麗像是被埋葬在這窮鄉僻壤了。她勤於寫信，但有時候連郵票都買不起。一八八〇年三月，她寫信給哥哥：

親愛的小約瑟夫：

這封信上所貼的，是我的最後一張郵票了。我已身無分文，真的是一文錢也沒有。所以，除非是天上飛來一張郵票，有很長一段時間我不會再寫信給你。我寫這封信主要是祝你生日快樂，如果你收到得太遲，那是因為我沒錢買郵票。我為此苦惱至極，又不能開口去要。

……親愛的約瑟夫，我好想念華沙，好想回去幾天呀！我還沒談到我的衣服呢，都穿破了。唉，多想走開幾天，脫離這冷死人的空氣，脫離閒言閒語、無休無止的監督。在這裡，我永遠得謹言慎行。我需要暫時離開，正如熱天裡需要沖個涼一樣迫切。理由還有很多。

……布洛妮亞好久沒寫信給我了，一定是她也沒有郵票……如果你還省得下郵票錢，請務必寫信給我。好好寫，仔細說明家裡的一切，因為父親和海拉的信裡只有怨言，我不知道情況是否真的那麼糟，但我大受折磨。更糟的是我在此也很痛苦——詳情我不想說。要不是為了布洛妮亞，我會另尋他處，即使待遇較低，亦在所不惜。

佐洛斯基家並不重視瑪麗，但她堅持忍耐，顯然是打算犧牲自己，只要犧牲得值得。瑪麗在世俗生活中注入宗教式的超凡入聖精神。以後科學成為她犧牲奉獻的對象，但在二十二歲的此時，她犧牲是為了布洛妮亞，還有約瑟夫——在華沙一直還沒能立業的約瑟夫。瑪麗寫信給約瑟夫：

在小鎮開業，你便不能繼續深造和做研究。那等於是把自己掩埋在一個小洞裡，沒有前途可言。如果你變成這樣，親愛的，我會極其難過，因為我現在已經失去了雄心壯志，我的野心全都寄託在布洛妮亞和你的身上了。你們兩人至少要規劃一個與才華相匹配的人生計畫。我們的家人無疑是有才華的，不可任其埋沒，總要有人發揮出來。我愈對自己感到遺憾，對你們的期望愈高。

在佐洛斯基家待了四年，合約到期，孩子也都長大。瑪麗已先行另覓工作，結果找到華沙一個工廠廠主的家。她的苦修生涯總算結束了。

第三章

離開那個「鄉間小洞」，瑪麗呼吸順暢多了。但是這時的她已無大志，一心只想與父親住在一起，找個寄宿學校的教師職位。

她的父親已自教職退休，另外謀得一個不太愉快而待遇不錯的工作：華沙附近一所監獄的典獄長。現在父親可以資助布洛妮亞，瑪麗則可以開始為自己存錢。她的新工作也不錯。

瑪麗再度受聘為家庭教師，期限一年，主人是一個年輕闊太太，既迷人又高雅。她的服裝都購自巴黎，身邊圍繞著眩惑於她美貌的藝術家，更與華沙社會名流往來不息。

這美婦人卻為瑪麗著迷，認為她可愛又出眾，把她介紹給各界名流。這是瑪麗人生中一段可喜的間奏，在此期間，她有機會向自己證明奢華於她如浮雲：她看不出奢華有何必要，自己的物質慾望不高，對那些名貴的東西也欠缺品味。

在這一年（一八九〇年）三月，布洛妮亞寫信來，宣布她與一個也叫凱希米的學生訂了婚。信上說：

明年你就可以來巴黎，與我們同住，食宿就不用愁了。不過，你還是需要籌個幾百盧布，繳索邦大學的入學費。

……我敢擔保你會在兩年內拿到學位。你仔細考慮一下，存點錢，放在安全的地方，可別借給別人。也許立刻兌成法郎比較好，因為現在匯率低，以後可能會調高。

布洛妮亞真是細密周到。

瑪麗的答覆古怪得很。她似乎認為自己「前途已毀」，顯得抑鬱、徬徨又絕望。她回信道：「我是個愚人，終此一生也都會是個愚人。或者說，我素來運氣不佳，以後也一樣。巴黎曾是我夢寐以求的救贖之地，可是長久以來，我已經斷了這樣的念頭。現在機會忽然出現，我不知如何是好。」

她長篇累牘的敘述家中狀況，諸如要借錢幫約瑟夫開業，要給海拉怎樣的支援：「我的心情黯淡悲傷，我知道不該談這些，大掃你的興頭。你是我們當中唯一可稱幸運的人，請原諒我，請你了解，傷我心的事實在太多，很難讓這封信有個愉快的結尾。」

我們知道瑪麗很容易沮喪，但是什麼事傷了她的心？

現在無由確知凱希米・佐洛斯基在這段期間與她的關係，不過他們確實重逢了。瑪麗的父親寫信給布洛妮亞：「若是你們倆都嫁給名叫凱希米的人該多新鮮啊！」看到瑪麗日益消沉，斯克洛道斯卡先生憂慮不已，怕「瑪麗又會為那些人跌入悲傷的谷底」。

雖然時過四載，凱希米的感情並沒有變，反而好像愈挫愈勇。在瑪麗眼中，他也仍然深具魅力。

只是凱希米不知道，現在他有了情敵，而這情敵竟然是一間實驗室！

瑪麗一個叫約瑟夫．波古斯基的表兄，成立了一間「工業農業博物館」。博物館是幌子，其實就是一所祕密教學中心，「地下大學」的教師們在這裡向波蘭的年輕人講授科學。

波古斯基曾在聖彼得堡擔任著名化學家門得列夫（Mendeleev）的助手，他的另一位老師又曾與發明光譜分析的德國化學家本生（Robert Wilhelm Bunsen）做研究。這些人的大名在波蘭年輕人聽來都是如雷貫耳，更讓他們興奮的是「博物館」裡還有一間小實驗室，他們在裡面學做初級實驗。

瑪麗在僻居鄉下期間，曾寫信告訴哥哥：「信不信？我從書本上學化學！」

在實驗室裡，瑪麗發現了書本永遠沒法傳授的：重做一個實驗的感覺——不管成功或失敗。

「我沒多少時間可做實驗，」瑪麗後來寫道：「通常我只能在晚飯後或週日去，獨自一人……有時候實驗的結果出人意表。不過，整個說來，在這些最早的嘗試裡，我的確嘗到實驗研究的滋味。我知道科學研究的進展是快不得，也容易不了的。」

自從布洛妮亞來信邀瑪麗赴巴黎，匆匆又是十八個月。一八九一年夏末，凱希米與瑪麗共赴一間山中農舍，度兩天假。大約此時凱希米再次懇求父母同意他們的婚事，儘管瑪麗也要求他這麼做，可是心中明白答覆必然是否定的。她於是決定與凱希米分手。當瑪麗宣布「我走了」時，無疑是有一種洗脫羞辱的悲慘快感吧。

「高傲不遜」，斯克洛道斯卡先生後來如是形容女兒對待凱希米的態度。瑪麗裝得若無其事，其實心旌震動。她立即寫信給布洛妮亞：「現在，請你給我最後的答覆：你的家是否真的可以容納我，因為現在我可以來了。如果你還養得起我，不至於讓自己太苦，寫信告訴我。我會非常高興，因為如此一來，我又可以在精神上獨立自主。今年夏天的殘酷考驗足以影響我的餘生。」

由此看來，那個性格軟弱但富有魅力的凱希米在瑪麗的一生中是有其分量的。

另外一位凱希米，布洛妮亞的丈夫，可有趣多了。他那時三十五歲，有個性、富幽默感，長得也很英俊。他出身波蘭的一個富裕人家，但是法國內政部檔案中有一些關於他的資料，據此，法國將永不接受他歸化入籍。

原來他早年在聖彼得堡唸書時，有參與謀刺俄皇亞歷山大二世之嫌。他不得不逃離波蘭，先是在日內瓦尋求庇護，在那裡辦了一份革命報紙；以後來到巴黎，得到政治學學位之後，又開始習醫。

簡言之，凱希米·德魯斯基的一切都讓斯克洛道斯卡家的這位年輕姑娘喜歡。便是在巴黎的波蘭移民圈裡，他也是極受歡迎的。

唯一的問題是他不能重返俄國統治下的波蘭。因此，他和布洛妮亞取得醫學博士學位後，雙雙留在巴黎執業。他們最早的病人是住所附近的屠夫。布洛妮亞已經生下兩個孩子。

布洛妮亞一接到瑪麗的懇求信（「你可以隨便把我放在那兒，我一定不給你招惹麻煩、不擾亂你、不擋你的路……我求你答覆我，但是要坦白！」）立即要她「快來！」當然瑪麗本來就知道她一定會這麼說的，只是自己不免有些罪惡感。能唸索邦大學是極令她快樂的事，美中不足的是擔心住在姊姊家，於人不便。布洛妮亞那時又懷有身孕。

往來華沙與巴黎之間，要坐三十多個小時的火車，斯家姊妹卻全然不以為意。

若不是火車票貴，她們一定會經常往返其間。

這在當時「上流社會」的人看來，原不足為奇。上流社會的人有國際視野，而當時歐洲各國間的疆界比現在開放得多。

可是瑪麗卻像要搬家似的準備她的遠行。她遵照布洛妮亞的勸告，先託貨運慢車運去鋪蓋、床單、毛巾等物，又用一隻大木箱裝滿兩三年內可能用上的各種東西，這樣子在巴黎就什麼也不用買，甚至連茶葉也不必——兩姊妹喝茶可喝得兇。

瑪麗存下以及父親能給的每一塊盧布，都得用在刀口上。她坐在隨身攜帶的小折疊椅上橫越德國，因為四等艙是沒有座位的。

那年代的年輕人皆如此。

談到用錢的精打細算，也是當時的常規。出手闊綽只是為了「面子」，而斯家人素來不重面子。生活中總有些東西是必需的，而瑪麗有時候連這些基本的東西都沒有。

好在一八九一年秋，這二十四歲的波蘭女子抵達巴黎時，法國法郎的幣值相當穩定。

第四章

跨越歐陸的蒸汽火車把瑪麗送到巴黎北站的那天，《費加洛報》頭版正刊出年輕的國會議員巴爾斯發表的一篇評論，主題是法國國會最近熱烈討論的問題：小學生應否停止學希臘文和拉丁文，改學英文和德文？

「議員們已將辯論的層次升高，這問題變成愛國與否的情緒問題了。他們聲言希臘、拉丁與法蘭西文化當中的珍貴資產，是英格蘭、日爾曼和斯堪地那維亞文明所完全欠缺的。」

法蘭西自認是世界燈塔。

頭版的另幾條新聞分別是：特里莫公爵與諾里公爵昨晨赴倫敦；蒙本西公爵夫人患嚴重肺炎；貴族大狩共獵得雉一百隻、兔三百隻、鹿五十頭。第二版則報導：巴斯德卡萊斯煤礦區明天將宣布大罷工。礦場動亂已是一個長期問題。

在歌劇院，維爾第正在彩排《法爾斯塔夫》（*Falstaff*）。聲譽如日中天的小說家左拉，剛剛出版十八巨冊的《銀子》（*L'Argent*）。作曲家德布西已譜成〈牧神的午後〉，高更剛完成馬拉末（Mallarmé）的畫像，正要啟程赴大溪地。羅丹正受命塑一座巴爾札克像，獨居的塞尚則在祕密研究認知事物的各種方法。巴黎的林蔭大道上已裝設了最早期的電力街燈。

工程師艾菲爾建造的鐵塔已在巴黎的天空展露兩年。雖然是工程技術上的傑作，卻連美國也不願仿作。

法國是藝術天堂，既不關切工程師，更不重視工業。很少人看重科技進展，更沒人想到科技最終會改造了社會。

以中產階級與自由派為骨幹的法國第三共和，已有二十年歷史。一八七〇年普法戰爭的戰敗餘波蕩漾，巴黎公社的影響力猶存。在巴黎的工人階級住宅區，支持布朗熱將軍（Georges Boulanger）的仍大有人在，雖然這位逃亡到布魯塞爾的英俊將領已經自殺身亡。

共和體制蹣跚前進。主張君主復辟的、主張貴族主政的、主張民族主義的、主張社會主義的，左右夾攻政府。在國會下院，布朗熱將軍派和社會主義派聯手要求容許工人分紅，讓「資本與勞力緊密結合」，還要求排斥外籍工人，保護法國工人。失業情況嚴重，上流社會和工人階級都興起反猶太風，新教信仰則已經不再流行。

民族主義右翼人士和社會主義派雖然在殖民擴張問題上互相對立，卻都擔心機械廣泛使用的影響，並且痛恨工業投資與牟利行為。他們認為只有繼承而來的財富沒有沾染罪惡。

有一位神學院院長說，火車於週日隆隆駛過鎮上，「既惹惱了我，也褻瀆了上帝。」當時恐怕有很多法國人同意他的說法。

一八九一年五月一日，是一個悲慘的日子。

早在五年前，美國有三十萬工人罷工，爭取一天工作八小時，自那以後，第二國際固定每年五月一日罷工一天，爭取同樣的工作時數。一八九一年，罷工更形擴大，有些地方政府動用武力阻止罷工。

北縣（department Le Nord）有一個名叫福米（Fourmies）的小鎮，是一個紡織工業鎮，由於紡織業蕭條，有些工人遭到減薪。他們決定發動示威，爭取調高工資、每日工作八小時，以及組織工會。廠方事先獲悉此事，要求北縣長官派軍鎮壓。四月三十日，兩個步兵連過來，五月一日，警察驅散示威群眾無效之後，軍隊開槍，打死了九人，其中五人未滿二十歲，還有一個兩歲幼兒受傷。

結果受到審判的卻是籌劃罷工的工人。他被判六年徒刑。福米事件至今仍是法國五一罷工史上最血腥的事件。

國會為之震動。但法國工人的悲慘生活素來是大家避而不談的問題。除了左拉之外，任何人的文學作品、戲劇、繪畫中都不提，它似乎不存在於巴黎社會的意識之中。

畢竟，在巴黎人看來，鄉鎮地方太過遙遠。再說，除了紡織廠、礦場和冶金廠外，別的工業都極少雇工五人以上。

首都經過奧斯曼（Haussmann）重新設計，煥然一新。奢侈品交易興盛。造價昂貴的大樓紛紛在新鋪大道上聳立，但藝術家、白領階級之類賦予巴黎品味、創意、智慧的人，還沒有向郊區遷移。

自成一格的拉丁區乃繽紛、活潑、亮麗的學生世界，是歐洲知識份子的心臟地區。有一萬二千名男生和極少數的女生在此上大學。

「林蔭大道兩旁遍是咖啡屋，」據《巴黎人報》描寫：「法國的菁英人物或成群而來，或單身一人，聚集在這迷人而著名的地方。這裡是巴黎也是全世界的聚會場所，流行風潮在這裡底定，成為全世界依循的準則。」

這篇文章的作者感嘆林蔭大道上出現了「胸罩」這種東西：「那只應存在於充滿野蠻男子、粗俗女郎與低劣啤酒的未開化國家。」

這種以法國傳統自豪的語氣，在當時極為普遍。有一則推銷「處女仙丹」的報紙廣告，標題是〈科學與愛國心〉，廣告文案如下：「外國人可能利用我們內部的困境，攻擊我們，把我們看作退化的民族。其實這是擁有最知名學者、最偉大發明的國家。」到底「處女仙丹」是什麼呢？原來是「治療女性更年期痔疾、靜脈瘤等所有疾患的良方」。

好在，對於不遠千里前來尋經的瑪麗・斯克洛道斯卡而言，法國的科學還是有點水準。法國至少有一位大科學家，那是風燭殘年的巴斯德（Pasteur）。巴斯德的研究成果既重要又能賺錢。狂犬病疫苗奠定了他的名望，還有好幾種發明都已應用在工業上。例如法國啤酒業，就是拜他之賜才得以和德國啤酒業競爭，法國全國都因此受惠良多。那時候，只有德國懂得把科學研究應用於工業上，而且是有系統的開發。

巴斯德帶動醫藥、化學和研究方法方面的大幅進步。然而在其他的科學領域內，十九世紀初期原本光芒四射的法國學界，卻已經減緩了腳步。科學教育更是最弱的部分，受到嚴重忽視。

理論物理方面，法國只設單一教授職。實驗室設備既不如英國，也不如德國。只有龐加萊領導的法國數學院，在數學物理方面不落人後。

瑪麗若早知道這情形，會不會改往英國或德國去學物理呢？大概不會。一來，以她當時的學術水準，在哪裡學並無差別；二來，她像波蘭一般規矩人家的女孩一樣，心嚮法國。

所以，她前往巴黎，來到德魯斯基一家居住的德意志路（rue d'Allemagne）。這是一個安靜、偏僻的工人階級住宅區，布洛妮亞在此布置了一個華沙風格的家。

一八九一年十一月三日，瑪麗「穿越索邦大學的校園」，去辦理註冊手續，攻讀科學學士學位。再過四天，她就滿二十四歲。

幾乎是恰巧十五年以後，一九〇六年的十一月五日，瑪麗成為受聘在這所大學教書的第一位女性。那時候，校園的建築都已經重新裝修或擴充，只有實證主義之父孔德的半身塑像，仍然面對著校門。

這十五年，在每一方面都是異乎尋常的：歐洲的科學在這些年裡飛躍前進，法國因屈里弗斯事件（Dreyfus affair，猶太軍官被誣叛國事件）而形成互相對立的陣營，瑪麗的人生也經歷許多變化。

不過就她而言，這十五年實在不壞。

第五章

瑪麗在巴黎的生活，除了剛開始的一小段序曲之外，前一階段有如在修道院中。布洛妮亞和凱希米工作勤奮，卻也喜歡自娛。他們並不富裕，但很好客，大門永遠為旅居巴黎的波蘭裔青年而開。

這些年輕人總愛團聚在他們家的茶爐和鋼琴邊爭辯不休，一邊吃布洛妮亞做的蛋糕，一邊縱論天下大事與波蘭時局。偶爾，他們也會一道去看戲或聽音樂會。他們會去為一個彈鋼琴的朋友捧場，或舉行午夜的盛宴，或排練業餘表演。在一次波蘭節慶中，瑪麗穿著深紅色短上衣，金髮披散肩頭，扮演「波蘭掙脫束縛」的主角。她很高興自己獲選演出這個角色。

但是瑪麗寫信告訴父親這一切晚間活動之後，換來的卻是一頓嚴厲的教訓：

> 你該知道，在巴黎有很多人在密切注意你的言行……你會惹來大麻煩……。
> 如果你以後還想回華沙討生活，不招致各種危險，就該小心謹慎，免受矚目。

瑪麗不可能因此突然沉寂下來。但是四個月過去了，她發現自己跟不上物理和數學這兩門課。瑪麗的法文不錯，但是教授講課速度很快，她聽不太懂，尤其是那些科學的專有名詞。若不全心投入，她恐怕度不過這難關。

三月，瑪麗搬到索邦附近的一間小公寓去，如此她可以走路上學，省下時間，也省下車錢（住在德意志路，上下學還得轉車）。可是她得要付房租了。她寫信給哥哥：「當然，要不是德魯斯基（凱希米），我絕不會這樣安排。住在這裡，我比以前用功一千倍。在德意志路時，我那位小姊夫總是不斷的打擾我。他完全不能忍受我在屋裡做別的事，而不和他愉快聊天。為此，我還得費力與他抗爭。」

「愉快聊天」當然不是瑪麗擅長的事。那位熱情的「小姊夫」其實大瑪麗十二歲，受斯克洛道斯卡先生之託照拂瑪麗。他早就笑說瑪麗對他「既不尊敬也不順從」，笑瑪麗喜歡誇大事態。

也許吧。再怎麼說，布洛妮亞求學的環境與瑪麗差不多，但布洛妮亞並沒得到諾貝爾獎，也沒有人為她立傳。而瑪麗之所以成為一則傳奇，是與那幾年的苦讀脫不了干係的。

多年以後，瑪麗當年的苦讀成為法國婦孺皆知的故事。小學生都能敘述「居禮夫人」住在沒有壁爐的小房間裡的情景。臉盆裡的水結成了冰，她把衣箱裡所有的衣服都拿出來鋪在床上，還在被子上加一張椅子。

其實，房間裡有一隻炭爐，只是瑪麗那天一定是忘了買炭，或是沒有錢，又不願賒欠。獨居的日子，她真的是過得很艱苦，只不過這種儉樸，有時候是基於一種自虐的心理。

不要說布洛妮亞家永遠等著瑪麗去共餐，父親盡全力給她的資助雖然不多，倒也不至於讓她挨餓，而她卻只吃蘿蔔、喝茶。有一天，一定是有人目睹這情景，告訴了德魯斯基，他跑來硬把瑪麗拖去德意志路家中，吃了一頓牛排。

瑪麗總是穿著束腹，兩頂帽子輪流戴，身穿仔細縫補過的波蘭服飾，昂首自索邦的講堂走向實驗室，走向圖書館，走回住處。她和波蘭青年男女的接觸愈來愈少，到後來甚至完全斷絕。

這金髮嬌小的女子現在因減食而瘦下來，有些同學仰慕她的美，很想和她攀談，但是她完全不願與人親近，拒他們於千里之外。一般人直呼她瑪麗會冒犯到她，這一點她終其一生都不能忍受，沒有人敢暱稱她。

唯一和瑪麗建立起友誼的是名叫狄汀絲卡的波蘭女子，原因是她曾挺身而出，為瑪麗打發一個過分熱情的青年。但是瑪麗並不需要別人保護，她會照顧自己。

學年結束時，瑪麗沒有打好必要的根基。因此暑假她留在巴黎，補習數學、勤練法文。

到開學時，瑪麗的波蘭口音已經完全消除，只除了那 R 字的輕微捲舌發音法，至死未改，透露出她的斯拉夫出身，卻也讓她本就好聽的聲音更添魅力。還有，瑪麗計算數目時，永遠是用母語。

學校的課程方面瑪麗已有進步，這可以從她的筆記本看出。她的筆記本像小學生寫的，清楚、乾淨、工整，新學到的科學名詞還會特別標明。

二十年後，有一位筆跡分析專家看到瑪麗的筆記本，不知道她是誰，但看出以下跡象：

深思、細密的心；能夠狂熱而不遺餘力的工作。頭腦訓練有素，做任何決定都經過慎思明辨。敏感卻不渲染，習於退縮自省，心扉不易開啟。穩健、冷靜而端莊，全無嬌媚風情。不關心俗務，卻亟欲發展自我、出人頭地。甘於寂寞，一絲不苟，有一種神祕的洞察力。忠誠可靠，慣以堅強的意志壓制一切弱點，因此常能克服神經質的毛病。

正是因為「亟欲發展自我、出人頭地」，讓瑪麗避開所有轉移她注意力的事情。當然，也是因為瑪麗情有所鍾——她愛上了科學。從李普曼、艾培（Paul Appell）、潘勒韋（Paul Painlevé）等人的課堂上，瑪麗開始了解科學、靈活運用科學的語言。

考試前，瑪麗寫信給父親，說她恐怕還沒準備好，還需要幾個月的時間。進入考場時，瑪麗緊張得簡直要病倒。考試若通不過，表示別人認定自己不夠格，那是她沒法接受的事。

結果她不但通過，還是第一名。瑪麗・斯克洛道斯卡獲頒巴黎大學物理科學學士學位。太棒了。

三十年後，瑪麗回憶起這兩年孜孜矻矻、閉門讀書的日子，說是「我一生最甜美的記憶」，這心情是可以理解的。

打完這漂亮的一仗，瑪麗把行李寄存在布洛妮亞家，坐火車回華沙去了。回國定居？不，還早。人一旦開始學習，便會發現自己一無所知。在實驗室裡，瑪麗已經看出要深入研究物理和化學，她得在數學方面加強訓練才行。

然而，要再修一個學位，又得面臨老問題——缺錢。瑪麗此時一文不名。後來是狄汀絲卡幫忙：暑假中，這位仰慕瑪麗的波蘭女子代她奔波，終於幫她申請到亞力山卓維奇助學金，乃波蘭政府為獎助特別優秀的學生在海外深造而設立。

想必曾經令斯克洛道斯卡先生憂懼萬分的政府間諜，一定是沒有注意到瑪麗在巴黎參與愛國活動的情形。反正，她後來也不再參與這類活動。

助學金六百盧布，這對瑪麗來說簡直是一筆巨款！瑪麗每個月大約只靠四十盧布度日。而她開始工作賺錢後，便償還了這筆助學金。有關錢的問題，瑪麗顯然都弄得清清楚楚。

瑪麗用錢的謹慎，無人能及。終其一生，每一筆支出她都記帳。瑪麗過了很多年捉襟見肘的日子，有時候缺錢真的成為嚴重困擾，但她從不放鬆她嚴謹的道德標準，她對別人的最高評價便是「廉潔無私」。

有了助學金，一八九三年九月，瑪麗遷到一間有拼花地板和窗戶的房子，租金每年一百八十法郎。從姊姊家取回家具、行李，瑪麗以愉悅的心情重新開始讀書。這次不像前兩年那麼緊張，她選了一門潘勒韋的微積分學，一門艾培的理論力學。

七月，瑪麗以第二名成績獲得數學學位。姊夫所笑稱的「英雄時代」，現在結束了，瑪麗可以回到摯愛的波蘭，利用她的知識來解救同胞。

瑪麗可能根本沒有注意，就在她學科考試的前一天，法國總統遭人暗殺。那是六月二十四日，星期天，卡諾總統（Sadi Carnot）赴里昂巡視途中，被一個義大利裔的無政府主義者刺殺於馬車之中。

那時候幾乎每週都有暗殺事件，報紙標題總說兇手是「無政府主義者」。到了十二月，國會下院正在開會，一枚炸彈從旁聽席上丟來，國會於是通過「邪惡法案」（注）以遏止暴力。

總統遇刺的消息先是封鎖了幾個小時，第二天才傳到巴黎，第三天才見報。這事一定在索邦引起一陣騷動。

瑪麗當然不會像十二年前，聞說亞力山大二世遇刺時那樣，開心的站上椅子跳舞。她不再相信暴力能解決問題，再說卡諾總統不但舉止高尚，還是一位物理學家之子，數學家之孫！

瑪麗對這些事情的看法如何？也許她根本沒有與人討論過。即使有，也很短暫，討論的對象則是一位結識才幾週的物理學家。他常到瑪麗的房間來談話。別人可能會帶一盒巧克力來，他卻會帶一篇文章的複本，標題可能是〈物理現象的對稱、電場與磁場的對稱〉之類的。文章前面會有題字如下：「謹以敬意和友誼，致贈斯克洛道斯卡女士。作者P．居禮謹識」。

他們在一起時，相談無盡期，話題也許關於物理，也許關於他們自己。但是正如大家所知，你若不是愛上某個人，是不會耐煩聽他談起童年瑣事的。

注：根據此法，政府能以「間接煽動」罪名查封報社，禁止集會、結社。後來方知，丟炸彈的人是受內政部指使的情報人員。

第六章

皮耶・居禮（Pierre Curie）進入瑪麗的生活正是時候。

一八九四年過了差不多一半，瑪麗已經確定可於七月間取得學位。她開始前瞻，閒暇時間較多，而春色又這麼美。

此刻瑪麗的主要心力投注在為國家工業促進會做的一項研究上，她與老師物理學家李普曼合作，研究某些鋼的磁性。但是研究所需的鋼材太占地方，狹小的實驗室放不下。

一位移民瑞士的波蘭物理學家恰好度蜜月經過巴黎，和瑪麗連繫。瑪麗告訴他自己所做的研究，和遇上的困難。而這位物理學家說自己認識一個人，也許可以幫瑪麗找個地方，至少可以給她提點建議，接著更表明這人極有才幹，目前在物理暨化學工業學校工作，名字叫皮耶・居禮。如果瑪麗願意第二天去和他們一道喝茶，自己可以介紹這人給她。

後來瑪麗這樣描述這次會面：

我走進房間，皮耶・居禮站在兩扇開向走廊的窗戶之間。當時他已經三十五歲，看起來卻很年輕，我震懾於他眼神的清澄和高瘦的身軀透露出來的些許淡漠。他的言語遲緩而深刻，舉止質樸，笑起來既嚴肅又清純，我不由自主的產生信賴感。我們開始交談，很快便熟稔起來。話題先是圍繞著科學問題，這方面我很樂意徵求他的意見；接著就談到社會和人道問題，這是我倆都感興趣的。他對事物的看法與我相似得驚人，儘管我倆來自不同的國家。部分原因一定是我倆成長的家庭有類似的道德觀。

瑪麗寫下這段文字時已經年過五十，她從不輕易表露自己的感情。但是從這段平鋪直敘的話裡，我們仍可看出他們兩人是一見鍾情。

在長時間的交談之後，皮耶．居禮和瑪麗同赴一家小型學生餐廳共進晚餐。他們談到很晚，皮耶送她回去之後，已經趕不上末班火車，只得步行回他住的索鎮（Sceaux）。

當晚的情況很可能是：皮耶雖然深受這不同凡俗的嬌小女子吸引，但他素來漫不經心。而瑪麗則單刀直入：既然談得投機，何不共進晚餐？

在巴黎待了三年，瑪麗現年二十六，行將二十七，當然有過不止一個愛慕者。住在布洛妮亞家時，便有一個波蘭學生愛上她，後來還吞服鴉片，冀望引起她的注意。瑪麗的反應卻是：「這年輕人做事不知輕重。」她和這青年對事情輕重的看法顯然是不一樣的。

到一八九四年，瑪麗已經不那麼年輕了。臉頰削瘦、身材苗條，早年不加修飾的青春已經在生活的滄桑之下褪去。瑪麗的皮膚變得透明，灰色的眼睛因目光的急切而顯得更大，連帶讓人注意到她圓潤美麗的額頭。瑪麗還沒有孕育出後來那種讓人心動神搖的弱質之美，可是這不屈不撓的年輕女子偏有一種特異的氣質，讓周圍的人都想去保護她。

有一個名叫拉莫特的男子鍥而不捨的追求瑪麗，希圖藉著耐心打動她。他究竟曾否有過一絲希望，我們不得而知，但是現在他遇到難以抗衡的強敵。

瑪麗與同時代的其他女子不同。一般女子在婚姻中、母職中尋求自我肯定，瑪麗卻在工作中找到自己。

這並不表示瑪麗不需要愛，不需要兒女。和男人一樣，她也需要這些。只是和男人一樣，瑪麗同時需要證明自己的能力。這在當時認為女性應守本分、「不是做主婦便是做娼妓」的觀念下，是不太能夠為社會容忍的。

當時的社會氣氛，認為年輕女子不應有肉體慾望，除了生育孩子之外，身體不應感受到其他的樂趣，甚至也不該知道孩子是怎麼來的。我們可以確定，瑪麗不會容許追求她的人對她有任何親密舉動。

也許瑪麗比同時代的一般女性知道得多些，至少從書本上得來的知識多些；她的思想也夠開明，可以在相識的當天便與皮耶．居禮共餐，讓皮耶送自己回家，後來也毫不介意的在住所接待他。雖然瑪麗已經二十六歲，在同輩的法國女孩看來，這些做法仍是不能想像的。

說到底，瑪麗是太珍視心靈的滿足，不能忍受與一個智力平庸的男子建立永久關係，就連做個朋友也不行。年輕時代的凱希米．佐洛斯基智力固然出眾，皮耶．居禮更是在每一方面都卓爾不凡。

在這愛苗滋長的時刻，像是切成兩半的東西復合，兩人驚訝的發現彼此「天造地設」。瑪麗享受到被愛的喜悅。從皮耶眼中，瑪麗看到最願見到的自己：魅力不只來自她的外表，也來自她的才智。何況愛她的是一位科學家，知識遠超過她自己。

一八九四年八月初，瑪麗回波蘭去陪父親度暑假。她沒有許下任何諾言，甚至沒有說會回來。

那個夏天，他們魚雁往還。瑪麗在信上描述自己的家庭，皮耶也談論他的。皮耶的父親和祖父都是醫生，祖居阿爾薩斯（Alsace）。居禮醫生在巴黎郊外的索鎮行醫，皮耶與父母共居。

瑪麗告訴皮耶自己怎樣困苦求學，皮耶則說他從未正式就學。皮耶的父親決定不讓這孩子受學校之苦，因為他愛做夢，不專心，太敏感，智力發展又慢，沒法適應傳統的教學方法。所以從小是母親教他讀寫，父親教他觀察大自然。家裡藏書很多，讓皮耶自由涉獵。到十四歲時，才給他請了個家庭教師。就在那時候，皮耶發現了數學之美，浸淫在抽象世界裡，如魚得水。十六歲獲學士學位，十八歲得到碩士學位。皮耶也許沒說，他還有另一種天分：思慮周密，洞察力強。

在巴黎的時候，每逢週日，他們會一起去鄉下散步。鄉間是皮耶熟悉的世界，自他幼年時便如此。小時候，皮耶常會在小溪邊、樹林裡消失無蹤，完全忘懷時間的存在：「回家的時候可能已是黎明，」他寫道：「滿腦子的新鮮想法。」

散步的時候，皮耶會撿起一枚玉黍螺或抓住一隻青蛙，將他著迷不已的東西指點給瑪麗看，那就是大自然的對稱形態。

瑪麗會談起布洛妮亞，皮耶則談到雅各。雅各是他的哥哥，也是一個古怪學者，只是性情與皮耶全然不同：外向、活躍。自小，雅各就是皮耶摯愛的遊戲、探險和工作上的伴侶。雅各後來結婚，搬出索鎮，到蒙培利爾科學院去擔任講座。

瑪麗談起她在鋼研究方面的進展，皮耶則談他做的壓電研究：不對稱結晶體壓縮或膨脹之後會產生電力。這是他和雅各發現的現象。兩兄弟還證明了李普曼預言的反現象：這類結晶體通上電，會變形（注）。

這項研究結果一發表，即引起當時英國物理學泰斗克耳文爵士（Lord Kelvin）的強烈興趣。

為了能在雅各工作的礦物實驗室裡做這項實驗，居禮兄弟設計製造了兩樣儀器：一個壓電石英靜電計，用以測量微弱的電流；一個精確到百分之一毫克的磁天平。使用這樣精密的器具做實驗，需要很高的技巧，瑪麗後來終於也訓練出這樣的技巧，但總不及皮耶的雙手「生來靈巧」。

瑪麗會詢問皮耶正在做的研究情況如何。瑪麗必定是當時唯一能懂皮耶說些什麼的女子。皮耶會解釋說他想找出物體的磁性三態——逆磁性、弱磁性和鐵磁性——之間，有沒有過渡狀態；以及是否可能讓單一物體連續呈現三種狀態。

這是皮耶博士論文的題材，但研究進展緩慢，實驗儀器和設備都不能供他個人研究之用，而且自他二十五歲那年受命負責巴黎物理暨化學工業學校的工作以來，他一直是很克難的在一條走廊上做活，職責又過分繁重。這份低微的工作，皮耶已經做了十年。

也許瑪麗有一點驚訝，皮耶竟然從沒想過申請一所「比較大」的學校，例如工

注：超音波麥克風和石英錶都是根據此研究結果而發展出來的。

藝技術學校或高等師範學校之類的。

皮耶說他不能忍受競爭，因為競爭不符合他的做事方法、他的態度、他的人生觀。生來具有征服意志的瑪麗，可能因此而更仰慕皮耶，認為這是她所重視的「廉潔」品格的另一重表現。

皮耶．居禮一生潔身自好。他避免與人起衝突，即使衝突不能避免，他也多方忍讓，結果總是輸的多，贏的少。

數學家龐加萊在皮耶身後形容他：「以鞭下之犬的姿態接受最高榮譽」。瑪麗是否同意龐加萊此種說法，我們不得而知。不過，她恐怕是很難與一位好鬥之士長久相處的吧。

居禮醫生是新教徒，但他的思想開明，從未向兩個兒子灌輸宗教思想——並非不重視此事，而是認為他們應有信仰自由。結果是皮耶選擇了與他父親同樣的信仰。

皮耶剛認識瑪麗不久，便帶給她一本左拉的新書《盧爾德》（*Lourdes*），很高興的發現她對宗教的觀念與自己相同。

他們兩人都是科學的信徒，而科學是與宗教相對的。一個科學研究者很自然的會否定神的存在，因為從物理學的方法找不到祂。科學研究像是從一個鑰匙孔中看出去，找出鑰匙，打開門，卻發現外面又是一扇鎖住的門，一扇一扇，永無止盡。從事科學研究憑的是一股驅力，不是人生哲學。

皮耶．居禮屬於厭棄教會的一代，視教會為控制社會的工具。而他又比別人經歷過更多的人生悲劇。

有個女孩，自幼便是皮耶親密的玩伴，在他二十歲那年去世。這女孩死後，皮耶轉而將友情寄託在哥哥身上，兄弟倆親密又融洽：「我們想法一致，不必開口便能相互了解，」他告訴瑪麗。雅各結婚遷出之後，皮耶甚感寂寞。

皮耶曾在日記中寫下對女人的看法。他說：

才華出眾的女子甚為罕見。因此，我們若違反本性，全心專注於工作上，疏遠了周圍的人，我們就違抗了女人。做母親的，亟盼得到兒女的愛，即使因此妨礙兒女的智力發展也在所不惜。做情婦的，希望擁有愛人，寧可犧牲全世界最偉大的天才，換取一小時的愛情。這種對抗是不公平的，因為女人有很正當的理由：為了美滿生活和符合人性，她們極力拉我們回去。

皮耶是否經常進行這樣的對抗，與什麼樣的人對抗，我們不得而知，也不重要。總之，年屆三十五，他仍然單身，一心追求崇高的事物，追求理論物理的堂奧。皮耶很快看出瑪麗．斯克洛道斯卡是能夠與自己共赴旅程的唯一人選。

瑪麗方面，顯然花了比較長久的時間，才說服自己放棄單身生活——雖說對方是皮耶．居禮。她下決心比較難，不過一旦決定，便不反悔。

一八九四年豔夏之際，瑪麗拿到文憑，必須要決定是回到自幼生長、熱愛的祖國波蘭，還是留下來追求她真正隸屬的國度——科學。皮耶．居禮說過：「你命定屬於科學。」做科學，就是純研究。

在當時，法國科學界是瞧不起「發明家」的。新發明如電報、電話、電唱機、白熱燈、打字機和麥克風等，全是美國首先研製出來的，法國科學家鄙之為「方便而已」。當時傑出的化學家伯特洛（Marcelin Berthelot）曾經這樣預測公元二〇〇〇年的世界：

> 到那時候，世界上不再有農業，不再有牧場，也不再有農夫。由於化學的進展，人類已不需要開墾土地以謀生活。煤礦或其他的礦業也消失了，自然就不

再有礦工罷工這回事。燃料問題也因化學與物理學的攜手並進而不復存。沒有海關、沒有保護主義、沒有戰爭，人類不再心心念念著劃分彼此的疆界。有了使用化學燃料的飛機，所有的疆界都成為過時之物。由是，社會主義的夢想幾乎已經實現，只要有人能發明一種心靈的化學物質，永久改變人的品德，就像化學品改變物質的屬性那樣！

伯特洛宣稱化學長足進步之後，糧食可以藥片形式製造，不必看天吃飯，無虞豐年荒年。他又說：「根本問題是找出永不枯竭的能源，可以毫不費力的重複使用。」他雖未預見二十世紀的能源是瓦斯，倒是明確預言了二十一世紀的能源是太陽能。

他這場演說引起了一些騷動，但伯特洛那一代極少有人像他這樣，把科學的進展和社會的轉變連在一起想。那時候絕大多數科學家根本不考慮今天我們所謂的科技這回事，他們認為那是工程師的事。在他們看來，科學研究的目標只有一個：推進知識的領域。這種態度延伸到極致，便成為一種美學，而且貴族氣息濃厚。法國科學界直至二十世紀仍持此態度，流風且及於英國。

斯諾（C. P. Snow）曾描述：「（英國）劍橋的年輕研究員，很自豪於他們所做的科學研究完全沒有實際用途。好像他們愈是確定研究不實用，愈是感到高人一等。」

直到第一次世界大戰爆發，毒氣成為武器，政府動員科學家為國效力，這態度才改變。在那以前，醫學研究是唯一既重理論又重實際的科學。可是就連這領域，巴斯德也定下一條金律：「鼓勵不實用的科學研究，因為理論方面的進步往往來自此種研究，結果是實用價值自在其中。」

瑪麗衷心相信不為實質利益而做的研究價值。在她的內心世界裡，「非關名利」總是一項不能捨棄的要求。

瑪麗的愛國心也許有時會被事業心遮蓋，但仍很強烈。因此在七月底，瑪麗回去波蘭，留下皮耶．居禮在巴黎。

像許多內省型的人一樣，皮耶發現用紙筆表達感情要比用言詞容易得多。他和瑪麗信件往來，談話方式與面談迥然不同。瑪麗在後來獻給皮耶的刻板無趣的書中，提到兩人之間「開始形成的情感」——她從不寫下「愛」這個字。瑪麗只說：「一八九四年夏天，皮耶．居禮給我寫了些信，我很歡喜。」

這些沉穩內斂的信透露出很多皮耶自己，也讓我們得以窺見瑪麗的一些面貌，還順便帶出時代背景。若是當時已有國際長途電話，皮耶也許不寫信，今天我們便無從了解他了。

瑪麗先寫信給皮耶，他立即回信：

一八九四年八月十日

再沒有比接到你的信更讓我高興的了。原先擔心會有兩個月沒你的消息，我因此極端怏怏不樂——我的意思是說很高興收到你的信。

希望你盡量呼吸新鮮空氣，十月份回到我們身邊。我這方面，大概不會出門旅行，我會留在國內，整天坐在窗前，或徘徊於花園中。

我們說好了至少要做很好的朋友的，對不對？希望你沒有改變心意！口頭的承諾沒有約束力量，這類事有時非你我所能控制。我不敢相信能夠終生與你靠近，一起做夢，做你的愛國之夢、我們的博愛之夢和科學之夢，但是，那一定是很美的事。

在這些夢想當中，我相信只有最後一項是可以實現的。因為我們無權無勢，沒法改變社會現況，而且縱然有權，我們也不知道該怎麼做，若是隨意做去，則完全沒法確定是否反而弊多於利，因為可能反而減緩了原本自然會有的發展。而在科學方面，我們的確可以做點事——這塊土地比較堅實，每一項新發現，不管多麼微不足道，都確實是我們的貢獻。每件事都彼此相關……。我們固然要做好朋友，可是你如果離開法國達一年之久，這份友誼可就真的是柏拉圖式的了——兩個人長久不見面，怎麼做朋友？你是不是還是留在我身邊比較好呢？我知道這樣問你會生氣，我再不跟你談這件事了。況且我深覺自己配不上你，在每一方面都是……。

我曾想請你在赴福雷堡（Freiburg）遊玩之時，讓我「碰巧」遇見你。但是你只打算在那兒待一天，不是嗎？那一天你當然是要與我們的朋友考瓦斯基一家相聚的囉。

你忠誠的P．居禮

你若肯回信，保證你會在十月間回來，我會非常高興。信件請直接寄到索鎮薩布隆路十三號，皮耶．居禮收，我會比較快收到。

四天之後：

現在太遲了，我後悔沒去……。你相信宿命嗎？還記得四旬節那天，我忽然在人群中找不到你的蹤影？我覺得我們的友誼可能會突然中斷，完全不是出於我們任何一人的意願。我並非宿命論者，只是我們的個性很可能導致這樣的結局。我不知道如何在適當時機採取行動。

不過，這樣也許對你好，因為我實在沒理由把你留在法國，遠離你的祖國和家人，卻沒有什麼好東西可以給你，換取你這樣的犧牲。

你說你全然自由，我覺得這麼想有點冒失。再怎麼說，我們每一個人都是感情的奴隸，受我們所愛之人的偏見左右，同時因為要謀生，不免變成機器上的一枚齒輪，諸如此類。

最痛苦的是對社會的一些偏見讓步。至於讓步多少，要看我們自認堅強或軟弱而定。讓步太少，我們會被掃蕩；讓步太多，我們會變得鄙賤，唾棄自己。以我而言，十年前堅守的許多原則現在已經放棄。十年前我認為做每一件事都得貫徹到底，絕不向社會環境低頭。我穿著藍色襯衫，與工人一般無二……。

最後，你也看得出來，我變成老頭子了。

在九月份寄出的另一封信裡，皮耶長篇累牘的向瑪麗談論哥哥雅各。瑪麗的回信內容不詳，但皮耶接信之後甚感憂慮，勸她「急速於十月間回到巴黎，否則我會非常苦惱」。

顯然瑪麗再度與她在地下大學的朋友連繫上了。從皮耶的回信看來，瑪麗一定是在信上情緒激動的談到社會上普遍的不公平現象，認為默然接受這些現象未免太過自私，她有責任努力改變這狀況。皮耶答覆說：

如果說有人打算用自己的頭顱撞擊石牆，企圖把石牆撞倒，你會怎麼想？這意圖的背後一定有些很美的感情，但這行為是愚蠢而荒謬的。我相信有些問題需要一個整體的解決方案，不是眼前可以片面解決的。人一旦走進一條死胡同可能自誤誤人。我認為公理正義不屬於這世界，惟有最強大或最方便的體制才能廣泛推行。人可以裝扮整齊，出去工作，而其生活卻是極度貧窮：這樣的表裡不一也許令人厭惡，但卻必然會繼續存在。

你對自私的看法令我驚訝。我二十歲上遭逢變故，一位青梅竹馬的朋友慘死（這事我一直沒勇氣告訴你），我日思夜想，折磨自己，發誓從此要過苦行僧的生活，決心不再對任何事情感興趣，不再考慮我自己或整個人類的事。自那以後，我常自問：這種對人生的斷念，是否僅是想讓自己遺忘？

在貴國，信件是否受到檢查？我很懷疑。以後寫信最好不要引人誤解。雖然我們所談純屬理論，但我怕會給你惹麻煩。

若你願意，可以寫信給我，寄到薩布隆路十三號。

你忠實的友人

皮耶的前一封信未獲回音，因此他在此信末尾附語提及，說上一封信「也沒什麼特別的內容」：「我只是問你是否願意與我合租一間公寓。房子在莫飛塔路上，窗口看出去是花園，可以分隔成兩個互不干擾的單元。」這還不算什麼特別的內容？

不過，從這幾行附語中也可看出，皮耶很了解瑪麗極重視獨立自主，而輕視傳統禮俗。

九月十七日，皮耶得到瑪麗將會歸來的保證：「你終於要回巴黎來了，這讓我非常快樂。我很希望我們至少能做分不開的朋友，你同意吧？」

在另一段話裡，皮耶說溜了嘴：「如果你是法國人，很容易找到教中學或師範學校的工作。你喜不喜歡這種工作？」瑪麗若嫁給法國人，便入了法國籍。

這次，皮耶在信末的署名是「你非常忠誠的友人」，之後還有附語：「我把你的照片拿給哥哥看，我沒有做錯吧？他說你很好看，他還說：『她看起來很堅毅，甚至有點頑固。』」

瑪麗實在是頑固之極呀！

皮耶也許認為分租一間公寓這主意不錯，但是瑪麗有些遲疑。瑪麗回巴黎之後，知道布洛妮亞已在城堡路租了一層公寓做為執業的診所，裡面有一間房是留給她的，她不必分擔房租。節儉成性的她，整天窩在索邦的實驗室裡，做她的物理實驗。與皮耶的關係沒有進展。

於是那老父口中「溫馴的騾子」告訴瑪麗，如果不嫁是因為波蘭的緣故，他願意一同去波蘭。皮耶又向布洛妮亞發動攻勢，請求她在妹妹面前代為說項。皮耶並且勸說瑪麗去會見他的雙親。

自稱為「可憐的外國人」的瑪麗，早年雖在凱希米．佐洛斯基的父母面前飽受心靈創傷，倒沒有拒絕再試一次。皮耶固然已經是三十六歲的單身漢，卻對父母依戀甚深。他曾經對瑪麗說：「他們很了不起。」一旦相見，他們立刻就喜歡了兒子深愛著的這個外國女子。

法國的民族性中，有其溫和可親的一面，居禮一家多少代表了這一層面，讓瑪麗很感愉快。當然，後來她也發覺了法國的另一面，不那麼溫和可親的面貌。

居禮醫生曾參與一八四八年的暴動，下巴受過槍傷，至今彈痕宛然。一八七〇年左右，巴黎實行公社制度期間，他擔任救護車駕駛，帶著兩個年少的兒子，到處尋覓受傷的人。他也許更喜歡做研究，但為了生活不得不放棄。這些年來他在索鎮執業，與老妻住在四周綠意盎然的舒適房屋內，過著單純的生活。家裡是典型中產階級的布置，藏書甚多，瓶插的玫瑰是自家花園裡剪下的，每逢週日，鄰居會來訪，一起打球或下棋，享受老妻的烹調手藝，閒話家常。

老醫生是個熱心的共和主義者，極力想吸引皮耶對政治發生興趣，卻只讓皮耶更退縮到他的白日夢裡去：「我不知如何讓自己生氣。」皮耶說。

這年輕、聰慧的波蘭女子和這位法國老共和主義者相談甚歡，相互欣賞。此次會面對瑪麗的一生有重大影響。

皮耶以有關磁性的研究（注一），接受博士論文口試那天，瑪麗與老醫生都到場旁聽。親聞皮耶舌戰主持口試的三大教授——包提、李普曼和奧特費耶（Hautefeuille），瑪麗深受震撼。她後來寫道：「那天，在索邦大學的小講堂內，迴盪著一些非常高遠的思想，令我咀嚼回味不已。」

可惜高遠的思想得不到充裕的物質報酬。三十六歲的皮耶在物理學校教書，每年僅得三千六百法郎。根據當時公布的數字，巴黎家庭年收入分類如下：

貧窮　（七七％）　一〇七〇法郎

小康　（一六・二％）　五三四〇法郎
富裕　（五・三％）　一五五〇〇法郎
巨富　（〇・一％）　三八五〇〇〇法郎

所以年薪三千六百法郎（注二）的皮耶，能提供給瑪麗的物質條件實在並不豐厚。另外有些公司付錢給皮耶，好使用他發明的儀器，但那一點錢連給他買必要的設備都不夠。因此在一八九五年一月，他接受了一家光學公司的顧問職位，每個月可得一百法郎的顧問費。

但物質方面的貧乏，絕對不是瑪麗遲遲不作決定的原因。皮耶遭逢的唯一情敵，乃是波蘭。直到學年結束時，瑪麗才下定決心。

「當你接到這封信時，」瑪麗寫信給一位華沙的女性友人：「你的朋友瑪麗已

注一：皮耶・居禮發現物體的磁性係數隨溫度成反比，這就是「居禮定律」。他在磁性方面的研究開啟了法國科學界一個新的領域，發展到後來，是奈耳（Louis Néel）於一九七〇年以有關抗強磁性的研究，獲諾貝爾獎。

注二：換算成今天（一九八六年）的幣值，約為四千六百美元。

經冠上夫姓了。我要嫁給去年在華沙向你談起的那人。定居巴黎於我是一種痛苦，但我能怎麼辦呢？命運讓我們深深相繫，不能分離。」

於是在一八九五年七月，瑪麗開始私下向布洛妮亞討教一門新的學問：烤雞怎麼做？薯條怎麼炸？如何餵飽丈夫？她還自己設計結婚禮服，要「莊嚴又實用，婚禮過後我還可以穿著上實驗室工作」。

斯克洛道斯卡先生和海拉都從華沙趕來參加婚禮——也許實在稱不上婚禮，只是在索鎮鎮公所簡單的公證結婚。既沒有交換戒指，也沒有宗教祝福。

皮耶的母親一定訂購了一條羊腿之類的來慶祝兒子成婚，她一定也妥善招待了這來自波蘭的親家，但是文獻沒有記載。我們只知道有個堂弟很聰明，送了一張支票做為結婚禮物，其結果是新婚夫婦用這筆錢買了兩輛腳踏車，一對新人就騎著腳踏車出發去度蜜月。

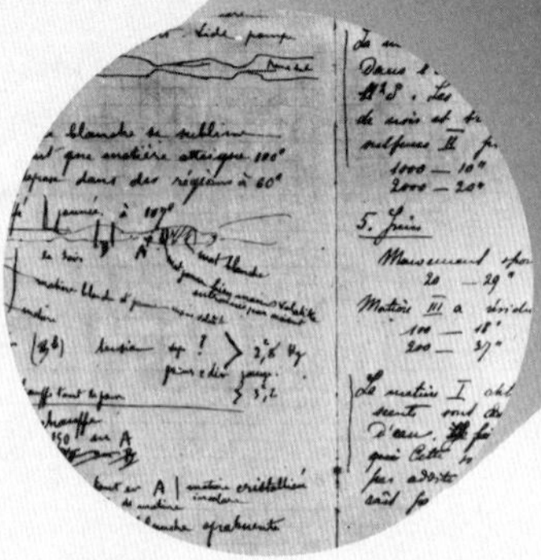

第二部 天才

有關鐳的研究，
只有像瑪麗這樣頑固如石的女子才能完成。

第七章

騎腳踏車旅行，自由自在。不趕時間，沒有預定目標。這是一種冒險，為尋訪新鮮事物而漫遊——正是皮耶所愛的。

很少有人像他們兩人這樣，騎腳踏車，走過這麼多鄉間小徑，呼吸榛實的芳香，穿越大片大片的石南樹叢、溪谷與山丘。

一八九五年九月，他們在香提里附近的森林中探險。布洛妮亞和凱希米在這裡租了一棟房子，斯克洛道斯卡先生、海拉、凱希米的母親德魯斯基太太、皮耶、瑪麗，還有布洛妮亞的女兒露，都聚集來度假。一時之間，香提里似乎出現了華沙的風貌。皮耶和他們相處愉快，基於愛妻之心，他還開始學波蘭語。瑪麗放寬了心，布洛妮亞則張羅一切。

婚後，居禮醫生有時會偕同老妻來與他們共進午餐。他喜歡談法國政局的兩個敏感問題：對外殖民與結盟俄國。其中結盟俄國一事頗讓斯克洛道斯卡一家憂慮。十年以後，在一九〇五年俄國動亂期間，瑪麗曾透過姊夫，捐款支援俄國革命運動。

一九一四年八月，馬恩河會戰前夕，一群波蘭移民奉召至俄國駐法大使館，瑪麗是其中之一。館方人員力圖說服他們勿再聲援畢蘇斯基將軍（Pilsudski）的軍隊。當時這支波蘭軍隊正與德軍並肩作戰，以圖解放波蘭。

可是在一八九五年九月，聚在香提里那棟屋子裡的人，誰也沒想到戰爭。他們正為一個好消息而高興：皮耶終於要升教授了。間接說來，還得感謝克耳文爵士。這位英國元老是第一個看出壓電現象實際用途的人，他從倫敦前來，與皮耶討論此事，之後在科學刊物上寫了一篇文章，對皮耶大表讚揚。法國大學的一位教授讀後印象深刻，與物理學校的校長提及此事，於是給了他這份教職。在皮耶和瑪麗的事業生涯中，他們總是先得到外國的讚譽，官方才體認到他們的價值。

皮耶的薪水調整到年薪六千法郎，他們的日子好過些了。瑪麗按照預定計畫，一方面準備參加中學教師的資格考試，一方面尋找有薪酬的研究工作。她妥善安排作息，既不浪費時間，也不浪費精力。為了不把力氣花在清潔打掃上，家裡的器具能省則省，完全不似一個典型的華沙家庭或法國家庭。

皮耶也不在乎。只要從窗口望出去有樹，在兩人對坐工作的松木桌上有花、有書架可以放書，再有一張床，他就夠高興了。

「我在一點一滴的布置我的公寓，」一八九五年十一月，瑪麗寫信給哥哥：「但是我不要給自己添麻煩，不要費事維修，因為我沒有幫手。有個女人每天來一小時，幫我洗碗和做一些粗重工作，燒飯和輕鬆的家事我自己來。」每天早晨瑪麗在上班以前去買菜。

瑪麗在做飯這件事上也展現出她一貫的個性。皮耶其實是個食不知味的人，但是瑪麗一旦做一件事，就一定要做好。她總是很自豪自己的生火技術、爐上工夫。瑪麗買了一本食譜，空白部分填滿她的心得。

我們不知道瑪麗的烹調手藝究竟如何，不過，她顯然是把它當成目標，下定決心去改進。

皮耶．居禮雖然極其難得的一向尊重妻子的工作，認為與自己的事業同等重要，但他恐怕從來不曾拿起掃帚來掃地。也許有人會以為，在瑪麗偶爾忘記買麵包時，他會去跑一趟，或是有時整理一下床鋪什麼的，其實不然。一來，瑪麗從來不忘記什麼事；二來，皮耶根本不會鋪床疊被，因為他沒當過兵（當時擔任教職的男子都可以免服兵役）。不過，傍晚在回家的路上，他們會一道去買牛奶、日用品等。

除了定期探視布洛妮亞夫婦和皮耶的雙親外，他們誰也不拜訪，但他們非常快樂。晚間，共坐在煤油燈下，皮耶準備上課的材料，瑪麗幫他蒐集、整理。起先他把課程劃分為結晶學和電學，後來「愈來愈了解有必要對未來的工程師講解電學理論，」瑪麗寫道：「他於是全心鑽研這門課，結果發展出一套（一百二十堂課的）研究課程，是當時巴黎最完整也最新穎的課程。」皮耶的清晰、嚴謹和有感染力的好奇心，鮮明的留在學生的記憶之中。

皮耶和瑪麗白天都在物理學校工作。校長舒真伯格，人稱舒老爹，准許瑪麗利用學校的實驗室，條件是實驗所需的費用由她自己支付。

瑪麗首先做磁性研究，這方面皮耶已經是權威，可以根據他豐富的經驗，為自己規劃路線。

瑪麗從冶金公司處免費取得研究所需的金屬樣品，礦冶學校又有一位名教授願意幫助她做分析，瑪麗可說基礎穩固了。

瑪麗原先所做「硬鋼磁性變化」的研究報告，創新之處不多，但是完整、洞澈又確實，證明女子也可以集中心力，做嚴密精細的實驗工作，而且可以做得和男性一樣出色。雖然瑪麗和皮耶從沒懷疑過這點，她仍然是女性在這方面的「第一人」。當時也有極少數女性物理學家從事實驗研究，但無人達到她這樣高的層次。

進行研究的同時，瑪麗在準備教師資格考試，結果當然是最高分通過。

居禮夫婦再度騎上腳踏車出門旅行。這次是到奧弗涅（Auvergne）。一八九七年初，瑪麗懷孕，她並不遺憾，只是身體不舒服。

「我懷了孩子，這過程很痛苦。」瑪麗寫信給華沙的友人。她頭暈、疲倦。「我變得虛弱，好像不能工作，精神也差。」

一直拖到七月，瑪麗才同意布洛妮亞和男人們的安排，由父親自華沙來，帶她去布列塔尼（Brittany）度假，皮耶則留在巴黎教課。這是他們兩年來首次分離，正因如此，我們才得以看到他們給彼此寫的信——他們很少寫信，因為幾乎從不分離。

這些信總是以「我深愛的親親孩兒」、「我的親親，甜蜜的、摯愛的小姑娘」、「我最親愛的小孩孩」、「我親愛的丈夫」等等開頭。讀這些信，我們可以探知在他們生命的那一階段，兩人之間的關係。那時候，瑪麗是一個年輕的妻子，她那三十九歲的丈夫在她所欽仰的領域內享有盛名，她是丈夫摯愛的對象，也是聰慧的夥伴。

「我的親親，甜蜜的、摯愛的小姑娘，」皮耶寫道：「今天接到你的信，非常開心。我這裡沒什麼新鮮事可以向你報告——除了我好想你，我的靈魂跟著你去了。」

有時候皮耶用波蘭文給瑪麗寫信。他憑著決心學會了這種語文，彷彿這麼一來瑪麗身上便沒有他不熟悉的部分了。皮耶用包裹寄小衣服給瑪麗，還捎去編織這些衣服的 P 太太的忠告：「編織的衣服尺寸小些，因為可以伸縮，棉質的就不得不做大些。不過這兩種尺寸的都該有。」

皮耶又寫道：「我想念充滿我生活的愛人，真希望擁有更多心靈的力量。我覺得只要專心想你，像剛才那樣，我應該可以看到你，看你在做些什麼，也讓你感到此刻我完全屬於你。但我做不到。」

奇怪的是，皮耶雖是科學家，卻相信超自然現象。這些現象，若他有時間，會想辦法解釋的。

瑪麗這時候已到懷孕末期，不再害喜了。「我親愛的丈夫，」她用波蘭文回信：「天氣晴好，陽光閃亮，氣溫頗高。你不在身邊，令我難過。你快來，我從早到晚等著你，總不見你的蹤影。我很好，盡量做點事，但是龐加萊的書比我預想的難懂，我得和你談談，一起研究看是什麼原因讓我感到困難。」

這些信件充滿柔情，今天讀來猶覺溫馨。覽讀並且發表這些私函似乎輕率無禮，但是皮耶和瑪麗都已化為塵土，我們藉此了解縮緊二人的並非僅是工作上的共同興趣，應是好事。

後來瑪麗曾以法文寫了很多信給另一個她所愛的男人，文法雖完美無誤，卻總不像她用波蘭文那樣瀟灑自如。而那些信，到頭來帶給瑪麗嚴重而深遠的傷害，我們以後會談到。

八月初，皮耶有信來：「媽媽聽說我要走，非常傷心（他的母親那時正患乳癌），因此我還不敢定下啟程的日子。」但是他終於來了。瑪麗精神大振，帶著八個月的身孕，怡然騎上腳踏車，與皮耶從布克港到布雷斯特。結果可以預見：家人不得不用火車把她送回巴黎。

布洛妮亞那時候出去度假，趕不回來，是居禮醫生為她接生。一個女孩，取名伊雷娜。幾天之後，皮耶的母親過世了。

一八九七年九月十二日分娩那天，瑪麗在記帳本上寫下「特別支出」幾個大字，下注：香檳酒三法郎、電報費一．一〇法郎。另在「患病」項下，藥費和護理費一七．五〇法郎。「九月份總支出：四三〇．四〇法郎」，這一行字下面畫了兩條線。皮耶月入五百法郎。

我們也許可以把她在懷孕期間長期持續的不適，和毫不在乎的騎車出遊解釋為對懷孕的抗拒心理。第一個孩子不在計畫之中，可孩子就是來了。瑪麗親自哺乳，照料「我的小皇后」，帶她去散步，夜哭時起身哄她，看到她減重，憂心不已。瑪麗寫信給父親說，恐怕得為自己請個有奶的褓姆，「雖然這會讓我難過，花費也多，但我絕不容許我的孩子在發育過程中受到任何傷害。」

瑪麗和皮耶都從未考慮為了孩子的降臨而暫停她的工作。他們周圍的人，如德魯斯基夫婦、居禮醫生和與他們有工作接觸的科學家們，也都沒有這麼想。所以瑪麗需要克服的是物質問題。她要找一個奶水充足的褓姆，照顧孩子兼分擔家務。家用負擔愈來愈沉重。

瑪麗的體力不如以前，變得瘦削又蒼白。布洛妮亞很擔心，皮耶的父親也堅持要她去看家庭醫生。這位醫生和凱希米有相同的見解，懷疑瑪麗的左肺感染結核菌，建議她住到療養院去。這不得不讓人連想起瑪麗因肺結核去世的母親。而且當時肺結核正肆虐歐洲，每七個死亡者中便有一人死於肺結核。

瑪麗禮貌的聽完醫生的話，卻不肯照他的話做。她不管生什麼病，都是以「工作」來治療。再說，瑪麗的肺究竟有沒有病也很難說，本來女性產後便會有一段躁鬱期。那時候還沒有放射線照相，或者說剛剛發明，還沒有實際應用。

前一年，一八九六年一月，德國物理學家倫琴（Wilhelm Roentgen）在會議上提出觀察結果：他拍下一位解剖學者的手部，把照片拿給與會人士看——手骨清晰可見。倫琴所展示的，是他在做實驗時偶然發現的一種神祕射線（他命名為X射線）造成的現象。

其實，沒有什麼是偶然發現的。

一定曾經有不少蘋果，偶然掉在一些人的頭上，可是只有牛頓發現重力，想到宇宙的所有物體，都可以用一條理論「一以貫之」。牛頓當然不是第一個奇怪為什麼物體會掉落地面，月亮卻不會的人。

偶然間，我們會看到某種現象。每一個現象背後都有原因，這點連小孩子都知道，他們會問：「為什麼？」「媽媽，這些小船在水上會動，它們有腳嗎？」偶然間，我們也會看到一些解釋不出的現象，是好幾種狀況組合的結果。可是必須要結合知識、好奇心、直覺與膽識，才能把現象轉化成觀察，並且找出背後的原因。這個人至少要有一付科學的頭腦才行。

瑪麗．居禮於二十世紀初期訪問美國期間發生的一則故事，具體顯現了這種科學頭腦。有一天，大家都在餐廳等瑪麗來晚餐，總等不來，就派出一個女孩去找她。結果發現她茫然呆立在房間的衣櫃前，衣櫃的燈亮著，那家教嚴謹的瑪麗不肯不關燈就走，可是卻找不到電燈開關。她因此而遲遲不能來。「衣櫃門關上，燈會自動熄，」小女孩告訴她。

這解釋很合理，但是瑪麗要證明一下。怎麼證明呢？小女孩怎麼說她也不信，瑪麗仔細檢查了衣櫃裡外。最後女孩想出方法：「你進衣櫃去，」她說：「我把門關上，你就知道燈究竟會不會熄。」

居禮夫人真的踏進衣櫃，滿意的出來，這才赴餐廳吃飯。一個不能解釋的現象、一份警覺的好奇心和找出原因的意圖，都在這裡了。

倫琴曾經為了確定他包在陰極射線管外的黑色卡紙盒絕對不會透光，而先讓房間全暗。結果他仍然看到一線光。紙盒既然全不透光，則光從何來？原來是來自旁邊一隻小碟，碟表塗有鋇化合物。陰極管不通電，便沒有光；通電，便有光。但是陰極管本身始終沒有洩出光線。

所以倫琴要弄清的是這不知名的射線究竟能穿透什麼樣的物體。他很驚訝的發現它能穿透人的血肉。現在還要找出它的性質和形成這性質的原因。

有一批歐洲科學家決心找出答案，一般人則對這奇特現象既興奮又驚異。在古往今來眾多科學發現中，這是罕有的一次，一般人雖不了解，卻很快傳揚出去。

那時候沒有人想到倫琴射線意義多麼重大：不久以後，整個物理學界甚至哲學界都受到震撼。歐洲科學家無不參與其中。其間，英國物理學家湯姆森致函友人說：「這世界好像陷入兩種狂熱之中——腳踏車與X射線。關於後者，我承認我也已經陷得很深。」年輕的紐西蘭科學家拉塞福也正走上同一條路，他後來引起科學界相當大的注意。

各地的實驗室裡都有人在檢驗這個問題，計算公式、觀察反應、解釋跡象、發表論文，希望成為建構出X射線理論的第一人。

在這個時候，瑪麗正要找尋一個題材來寫論文，她密切注意X射線研究的進展。科學家還沒有找出Ｘ射線的起源和本質，但瑪麗沒有投身其中，因為神為她指引了另一條路徑。

第八章

那幾年裡皮耶和瑪麗所做的事，科學史可能只以短短幾行字來描述：「居禮夫婦在一間簡陋的實驗室裡工作，但他們很快樂，因為他們相愛，而且發現鐳。拜此發現之賜，癌症有了治療方法。」科學史對這個故事自有其觀點，而筆者，也有不同的角度。

一八九六年二月的某一天，專門研究螢光的法國物理學家貝克勒（Henri Becquerel）決定進行一項實驗，探究螢光現象是否與倫琴發現的射線有關。螢光是某些物體在光線照射下發出的微光，電流通過能放出 X 射線的陰極管時，管四周會放出螢光。他用黑布包裹感光片，外面再包鋁箔，然後把照射過陽光的硫酸鈾和鉀鹽放在上面。

感光片沖洗出來，顯現了輻射線的影像。

二月二十六日，星期四，貝克勒準備再做一次實驗，但那天太陽沒有露臉，他就把包了黑布的感光片、鋁箔紙和鈾鹽都放在一個抽屜裡。週五、週六過去了，天氣仍是陰沉沉的。貝克勒為什麼在週日打開抽屜、拿出感光片，並且沖洗出來，我們不得而知，總之，靠近鈾鹽的地方又留下影像。

第二天，週一，貝克勒在科學院的每週例會上報告了他的發現：鈾鹽放出的射線，與 X 射線一樣，能穿透物體。科學院的同事禮貌的聽完，又繼續進行原定的議程（注一）。

貝克勒後來又發表幾篇文章，敘述他的觀察。瑪麗和皮耶兩人，是誰先注意到這件事，並不重要。

在此之前，還沒有決心取得科學博士學位的女性。但瑪麗知道，為了建立與男性之間的平等關係，她必須擁有與他們同樣的頭銜，而且要完全靠自己的努力獲得。女性要提出博士論文，必須要有原創性，根據研究所得，而且有重要貢獻才行。瑪麗認為貝克勒的現象提供了一塊肥沃的土地，尚無人涉足其間，皮耶也同意她的看法。她很快便將此現象命名為輻射性。

今天你要到法國國立圖書館去翻閱瑪麗．居禮的實驗室筆記，還得先填一張「若有輻射性感染，責任自負」之類的聲明書。單是翻閱這些筆記，當然沒有什麼危險，但是輻射若在那裡，過幾千年也還在那裡（注二）。瑪麗自三十歲起暴露在

注一：據物理學家奧杰（Pierre Auger）說，倫琴發現 X 射線是「無可避免的」，因為那時太多物理學家在研究陰極射線管，但貝克勒的發現不然，若非他，此事可能延後半世紀發生。

注二：鐳的輻射性過十三個世紀才減弱一半。

輻射線之下，當時她並不知道貝克勒測得的射線便是後來稱為原子能的起源。

在日常生活上，居禮一家過得不錯。他們搬到凱勒曼大道（boulevard Kellermann），住在一座四周圍繞著花園的獨棟房屋。內部裝修全屬「瑪麗風格」，只不過居禮醫生搬來和他們同住，帶來一個餐具架和幾張扶手椅。老妻死後，老醫生已不再執業。現在瑪麗不僅日子過得不那麼緊湊，心情也比較輕鬆。不在家時，瑪麗不必掛心伊雷娜了——老醫生不但會照顧孫女，還引領她認識生命的奧妙。家裡僱了一個僕人，負責粗重的家務，那時候可沒有機器代勞。瑪麗早上照料伊雷娜起床，餵她吃早餐，幫她穿戴整齊，但不必在中午趕回家給她做午飯；而晚間給她洗過澡、送她上床之後，還可以出門活動。那善良、博學、活力充沛的老人，讓瑪麗不必面對事業與家庭的兩難之局。

為了工作，瑪麗需要一間實驗室。另一個博學又善良的老人——舒老爹——為她搜尋，找到物理學校一樓一間儲藏室兼機具室給她。過了一段時間，有人看出，居禮教授的夫人雖然是一位年輕端莊的淑女，但現在的健康很不好，顯然是因為實驗室的濕氣太重。但是瑪麗說不然，若說濕氣為患，那也是她在做的實驗造成的，而實驗她橫豎要做。她很感謝校長先生的安排。瑪麗很簡潔的這樣回答，因為她素不多言，不得不說的話，總是力求明確。

瑪麗也需要實驗設備。她努力運用可以免費取得的設備做實驗：皮耶發明的壓電石英靜電計。她還需要鈾的樣品，用靜電計測度鈾射線釋出的電力。

瑪麗的雙手靈巧，這三年來，她也已經有了一些實際經驗。她小心翼翼的照計畫做測度，又從學校的其他教授和工程師處蒐集各種金屬和礦物樣品，檢驗除鈾以外是否有別種物質也能在空氣中產生電力。結果很快發現釷有此特性。她於是得出結論：釷能釋出與貝克勒觀察到的相同射線。

這奇妙的東西得有個名字，瑪麗命名為輻射性。再用靜電計測度鈾化合物與釷化合物放出的電流強度，發現物體是呈粉末狀或塊狀，是乾或濕，以及是否含有雜質都無關緊要，放射性全來自所含的鈾成分。

這項實驗證實了貝克勒的猜測：放射性來自鈾或釷之類特殊元素的原子活動，而且是原子內部某種現象的結果。根據這項發現，科學家才得以在二十世紀解釋出原子結構的奧妙。

瑪麗在工作數週之後，得到此結論。她繼續測度其他礦物，包括瀝青鈾礦和輝銅礦，提供者是學校中的物理學家德馬塞（Eugène Demarçay）。這兩種礦物都有放射性，而且按其中所含鈾或釷成分看來，放射性強得出奇。瑪麗於是從頭做每一項實驗，以防弄錯。這出人意表的現象需要解釋。

瑪麗大膽假設：這些礦物中含有別的物質，其放射性比鈾或釷強得多，而且這物質一定是化學元素表上沒有的。

每天的工作結束之後，瑪麗當然會把研究進展告訴皮耶，但皮耶沒有參與研究。一八九八年初，索邦大學有一個化學物理學教授的職缺，皮耶申請擔任，卻遭回絕。「你怎麼可能戰勝，」支持皮耶的弗里德教授（Friedel）寫道：「戰勝那平庸的標準，和數學家的偏見？」

皮耶在盡了物理學校的職責之餘，繼續研究結晶——他仍然為此著迷。對競爭的得失無所用心，在知識上卻精確無比的皮耶，勸瑪麗不要發表觀察所得。他認為不必急，匆促行事沒什麼好處，難道就只求那「第一」的虛名嗎？

這也是瑪麗愛皮耶的地方：在任何情況下，他總是「那麼優越，擁有文明極致的視野」。但這是她的研究，她的假設。瑪麗決定寫一份簡短的報告，送交法國科學院，按慣例在十天之內印出，分送科學界人士。但報告須由科學院院士提出，她的老師李普曼教授便於一八九八年四月十二日，以斯克洛道斯卡居禮女士的名義提出。

瑪麗早日提出本是對的，不幸，有人比她更早。兩個月前，一位德國科學家已在柏林發表觀察結果：釷和鈾一樣，也能放出射線。不過瑪麗的報告裡還有別的內容：瀝青鈾礦和輝銅礦的放射性比鈾更強。她並審慎假設：「這值得重視的事實讓我相信，這些礦物中可能含有某種元素，比鈾活躍得多。」

可惜法國的物理學家並沒有留心。也許可以這麼說：這份報告若是以一個男子的名義提出，他們或許會比較熱心的探究實情吧。

結果是瑪麗必須耐心等待。為證明這項假設所花的時間比她預期長得太多了。但是以一個年僅三十，正式攻讀科學才六年的人來說，能提出這樣的假設實在令人驚異。

第九章

一八九八年瑪麗是怎麼度過的呢？在她的第一本黑皮實驗室小筆記本裡，二月二十六日的記載如下：

儀器損壞，重新調整。
（一個數目字，之後……）稍待。
（又一個數目字，之後……）稍待。
抹掉多餘的粉。
什麼也沒有。

同一時間，在某一頁的頂端寫著：「溫度攝氏六・二五度！！！！！！」那六個驚嘆號表示她工作的室內也是這個溫度。

同年，瑪麗在烹飪書上寫：「我用八磅重的水果和等重的砂糖同煮，十分鐘後用細濾網過濾，便成了十四瓶不透明的果凍，風味甚佳。」這是做過冬的果凍。

同年八月十五日，瑪麗在一本灰皮筆記上寫：「伊雷娜長出第七顆牙，下面左邊的那顆。連續三天，我們帶她去河邊洗浴。

「她自己在河水裡站了半分鐘，前三天她總是尖叫，今天她不叫了，開始玩水。」這時他們是在法國中部的奧弗涅度假。

在封面上題著：「M．居禮，鈾，一八九八」的綠皮筆記本裡，她寫著：

人造輝銅礦

七顆牙，第四次河浴，八磅，一分半鐘，一公釐半，十四瓶，八磅。

帳簿裡則記載：

給皮耶買一雙騎車用的大襪子，五．五〇法郎。

兩個腳踏車輪胎，三十一法郎。

洗衣，四．五〇法郎。

每件事瑪麗都記下，但是從來不寫：「天冷，伊雷娜發燒，我累了」之類的話。

天冷可以測度，發燒也一樣。但是情緒不能以數字表示，疲倦也不能。如果要記錄她的疲倦，她會寫：「我爬了二十二級階梯，得休息一下。」瑪麗不描寫，只以科學方式記下觀察到的一切。她總是擔心自己太過敏感，絕不肯在筆下洩露心情。但是後來，強烈的悲哀終於突破了這道閘口。

還有什麼比發現一種新元素更能讓科學家興奮的？皮耶為此中斷他自己的研究，來助妻子一臂之力。他原以為只是暫時的。

一八九八年四月十四日，他們一起給一塊瀝青鈾礦秤重。經由化學分析，已經得知這塊礦石的成分，他們現在希望從中找出也許只有百分之一的新放射性元素。

在這天以前，居禮夫婦有時還會在晚間出去看戲、聽音樂會，或與布洛妮亞、凱希米夫婦共進晚餐。兩姊妹星期天還常常共坐為女兒縫衣——伊雷娜的衣服都是瑪麗親手做的。但是後來，俄屬波蘭宣布特赦，凱希米獲准歸國，布洛妮亞自然隨同。瑪麗很難過，她現在寂寞極了。

瑪麗寫信給姊姊：

> 你不能想像你留下怎樣的空虛。失去你們兩人，巴黎除了我的丈夫和孩子之外，便沒有讓我關心的人了。好像在我的家門之外，工作的學校之外，巴黎根本不存在。

請代問德魯斯基媽媽，你們留在我這兒的綠色植物一天要澆幾次水？需要比較溫暖，比較多陽光嗎？

伊雷娜快變成大小孩了，這孩子很難養，除了樹薯布丁外，什麼東西都不大吃，連蛋也是。請你寫信告訴我，這年齡的孩子該吃些什麼。

瑪麗放在實驗室裡的黑皮筆記本，整齊的筆跡常被皮耶潦草的字打斷。皮耶用簡短的幾個字記錄觀察的結果，字體傾斜向下。兩種不同的筆跡相映成趣。他們的研究方法包括析出瀝青鈾礦的各種成分，分別測度其放射性。這是精細又費時的工作，每一個步驟都記載於黑皮筆記本上，我們幾乎可以日復一日的追蹤其過程與觀察。

據此，我們也可以想像他們工作的情景：靜默、專注，就在皮耶修長的、瑪麗纖小的手指間，時光飛逝。他們廢寢忘食，只偶爾停下來思索、討論，然後又開始，既不失望，也無得意。到六月十三日，瑪麗測出一塊沉澱物的放射性「比鈾強一百五十倍」，他們興奮極了。瑪麗以削尖的鉛筆在黑皮本子上記下這事。

同一天，他們把一塊硫化鉛置於試管內加溫至攝氏三百度，玻璃碎裂時，皮耶注意到有一點黑色的粉末凝結在試管內。他們一起測度這粉末的放射性，發現比鈾強三百三十倍。

雖有如此重大的發現，週日他們還是停工休息。早上能不能多睡一會兒呢？不能，伊雷娜會叫醒他們。這孩子很纏人，雖然瑪麗照料她無微不至，皮耶也極寵愛這個女兒，但是她一定是察覺到他們在實驗室裡另外有個「孩子」，有什麼東西在那裡孕育著，需要他們兩人，而且只要他們兩人去照顧。

一再析出，一再純化，所得的物質愈來愈活躍。到一八九八年七月十八日，他們終於確定，可以宣布一種新元素、新金屬的發現。

為了對波蘭（Poland）表示敬意，他們把這元素命名為釙（Polonium）。但是波蘭實在命途多舛：釙太活躍，可單獨存在的時間太短，不宜作工業用途，光芒很快的被後來發現的另一元素鐳所掩蓋。不過，釙的另一特性在三十四年後還是為它自己贏得了某種勝利。原來鐳會放出幾種射線，而釙只有一種高能量的阿爾發射線。一九三二年，查兌克（James Chadwick）利用釙的這種特性，發現了中子，其靈感來自於伊雷娜和她的丈夫約里奧（Frédéric Joliot）在瑪麗的實驗室中，所做的實驗紀錄。

帶著伊雷娜去鄉間度假時，居禮夫婦覺得好疲倦，卻不知為什麼。他們得要費點力氣才能去河裡游泳，騎腳踏車出去兜風。瑪麗的手指尖還裂傷、刺痛。他們都沒想到自己已經開始受到輻射線過度曝射之苦。

那年十二月，「鐳」這個字首次出現在黑皮本子上。在一頁沒有標明日期的筆記中，先是出現一個問號，接著：

因此硫酸鐳

在 H_2SO_4 中

比硫酸鋇易於溶解

極少人能得進入居禮夫婦的實驗室參觀，不過德馬塞是其中之一。德馬塞著迷於居禮夫婦的進展，得他們同意，取了一點樣品到他的實驗室去，用他的分光鏡攝得鐳的射線光譜。居禮夫婦提供給他愈來愈純的樣品，他所攝得的光譜便愈來愈強（注）。

一八九八年十二月二十六日，科學院聽取了一份報告，同樣是由李普曼代提的。報告中說：「根據以上列舉的各種理由，我們相信新的放射性物體中含有一種新的元素，我們建議稱它為鐳。」報告由三人署名：皮耶．居禮、瑪麗．居禮、

G．貝蒙（Bémont）。

我們不知道貝蒙在鐳的發現上有何功勞，只知道他是物理學校的化學家，一同參與居禮夫婦的研究工作，一八九八年五月，他的筆跡曾數度出現在黑皮本子上。無疑他也是一個很謙抑的人。

現在要證明這新的元素確實存在。「我希望它有漂亮的顏色，」皮耶說。純鐳鹽是無色的，但是由於具有放射性，裝了鐳鹽的試管會呈藍紫色。若分量夠多，這輻射光在黑暗中燦然可見。看到這光穿透實驗室的黑暗，皮耶很高興。

注：每種元素都會放出一系列別具一格的射線，有如它的「簽名式」。

第十章

「那地方像一間馬廄或是地窖，若沒有看到工作檯上那些化學設備，我會以為這是在開玩笑。」德國一位化學家如此形容發現鐳的處所。時距瑪麗提出新元素的假設，已有四年。

據佩蘭說：「皮耶．居禮對物理的興趣恐怕更濃厚些，他會特別關心輻射本身的屬性，而不大認為有必要析出新物質，『裝上那麼一瓶，』像化學家常說的那樣。他們後來會這麼做，當然是居禮夫人頑強堅持的結果。今天我們絕對可以說，他們的發現是整個輻射性研究的基石。」

佩蘭覺得有必要強調此點，是因為一般人總以為瑪麗不過是「那個偉大男人的工作夥伴」。這印象恐怕至今猶存。

其實，瑪麗不僅在工作上與皮耶分庭抗禮，在私人關係上也與皮耶完全平等。即使在結婚初期，瑪麗還沒有太多實驗經驗時，皮耶也沒有對她說過類似沙特對西蒙波娃所說的「我會攜著你的手」之類的話，而瑪麗也從不覺得皮耶是以這種態度對待她。

這一男一女都無意主宰對方，因此才有如此罕見的心靈結合。這是皮耶的「高度文明」和瑪麗對自身價值的肯定兩種因素造成，而他們的科學成就也與此不可分。讀到當代法文辭典上的以下字句，真教人痛心：「（皮耶）居禮，法國物理學家（一八五九—一九〇六）。在妻子瑪麗・斯克洛道斯卡的協助下，致力於放射性之研究……。」此外再也沒提到瑪麗。這不僅侵犯女權，瑪麗和皮耶地下有知也會大感憤怒的。

一八九九年到一九〇二年，這對夫婦顯然過得很愉快。瑪麗沒有再犯二十多歲時偶爾會發作的「神經痛」，三十二歲的她現在溫和親切，與丈夫鶼鰈情深。一八九九年，她寫信給布洛妮亞說：「我的丈夫是世界上最好的。我從沒夢想過能擁有這樣的良人，他真是天賜的禮物。我們相處愈久，彼此愈相愛。」

瑪麗的家井然有序，但她絕不讓自己成為家務的奴隸，像當時法國一般中產階級的婦女一樣。她自己做果醬，為女兒裁製衣裳，是為了省錢，而不是因為她喜歡做。

皮耶的同事或學生造訪實驗室時，瑪麗總是沉默寡言。但有人注意到，她的沉默可能與某些人的滔滔不絕同樣自負；而不論多麼寡言，談到理論方面的問題時，她仍是主要發言人。皮耶認為瑪麗在數學方面比他高明，也直言不諱。而瑪麗，則佩服皮耶的「持論堅定嚴謹，適應力驚人，因此可以改變研究題目。」兩人都對對方評價甚高。

自這時起，他們的健康逐漸受到放射線的侵蝕，而他們的工作，卻需要更多的堅忍與體力，比以前更辛苦、挫折更多。有關鐳的研究，只有像瑪麗這樣頑固如石的女子才能完成。

瀝青鈾礦裡有鈾也有鐳，但鐳量極微。要分解好多噸的瀝青鈾礦，才能析出幾毫克的純鐳，用以測量其原子量。而這種礦物很貴。那時候，有幾家工廠專門自瀝青鈾礦中萃取鈾；至於從這種礦石中萃取鐳，則全世界只有一個女子，在一間倉庫裡做。

最大的鈾工廠在波希米亞。居禮夫婦透過維也納科學院向奧地利政府提出申請，說服了這家工廠，把原本堆積在松林裡的礦石殘渣低價賣給他們。一袋又一袋混雜松針的棕色粉末運到物理學校，堆在中庭裡。要在哪裡處理它們呢？

從瑪麗工作的小房間出去，越過中庭，對面有一間廢棄的倉庫，醫學院的學生一度用作解剖室。下雨時玻璃屋頂會漏水，出太陽時又熱得像溫室，地面鋪的是柏油。

居禮夫婦就在這裡裝置設備——不過是幾張舊桌子，上面放了幾隻烤爐和瓦斯爐。學校校長換了人，儘管皮耶和新校長並不熟，但新校長仍慨允他們搬遷實驗室，令他們頗感寬慰。

看過瑪麗在那裡工作的人都難忘懷那情景。她會探手入袋，捧出好幾磅重的礦渣，放進盆子裡，把盆子放在爐上，溶解、過濾、沉澱、收集，再溶解，漂掉溶液上層的清液，然後測度。之後重新開始。

「有時候我整天用一支差不多和我一般高的鐵棒，攪拌那煮沸的礦渣。」瑪麗寫道：「到傍晚，我累得要死。這工作讓人筋疲力竭，捧著盆子，漂掉清液，幾小時不停的攪拌盆裡煮沸的東西。」

萃取工作要用到硫化氫，這是一種毒氣，而屋內並無排氣管。於是瑪麗盡量把盆子搬到中庭去做，要不然就得把倉庫裡所有的窗戶都打開。

濾清後的溶液放在碗裡凝結，這時候若有塵埃或煤屑落進去，好幾天的辛勤工作就泡湯了。

皮耶仍在物理學校負責教學和指導學生實驗的工作，幫不上太多忙。他的研究室助理佩提倒是很想盡量幫忙，可是瑪麗總是自己灑掃，打理得乾乾淨淨。實驗室裡條理分明、紀律嚴謹、安靜無聲，因為瑪麗不能忍受噪音；但也有快樂，而且是真正的快樂

化學家雅飛（Georges Jaffé）是偶爾獲准進入實驗室參觀的幾個人之一。據他

說，在那裡，他像是目睹某個教派的神聖祭典。其實瑪麗也用不同的字眼，描述了類似的情景：「我們的倉庫雖然寒傖，卻總籠罩在一片無邊的寧靜之中。有時候，我們一面照看著工作進行，一面來回走動，談論目前與未來的工作。感覺寒冷時，我們燒一壺熱茶鼓舞自己。我們全心專注於這件不尋常的事，有如生活在夢中。」

她又說：「有時候我們會在晚飯後再回實驗室，探望我們的領域。我們那珍貴的產品全無掩蔽，就那麼放在桌上。它放出的微光在我們周遭形成影像，那光輝像是懸浮在黑暗中，讓我們再次感受悚慄又開心的滋味。」

那珍貴的產品也讓他們莫名的疲倦。皮耶開始感到兩腿發痛，家庭醫生認為是倉庫潮濕導致風濕病，他要皮耶節制飲食，禁食肉類或喝紅酒。瑪麗則蒼白如紙，親人仍懷疑她患了結核病。居禮醫生硬拉她去檢查，卻查不出結核跡象。夫妻兩人都精神不振。這期間瑪麗寫信給哥哥：「我們量入為出。我丈夫的薪水不大夠用，不過每年我們總有幾筆意外收入，因此還不致負債。」

瑪麗所說的意外收入，大概是指各公司使用皮耶發明的東西，而付給他的權益費，數目不多。不過，在同一封信裡，瑪麗也操心孩子將來的教育費，她說：「我要拿到學位，然後就要找個工作。」

就在此時，一九〇〇年三月，皮耶接受工藝技術學校的教學助理之職，好每個月多賺兩百法郎。但是到了夏天，皮耶已經快撐不住了。

實驗室裡的狀況也不佳。巴黎氣溫升到攝氏三七．九度，那玻璃屋頂的倉庫更是熱不可耐。瑪麗卻不屈不撓，繼續工作。到七月二十三日，她相信有了成果。

「純鐳已在碟中，」瑪麗在黑皮本子上寫。二十七日，她記錄下鐳的原子量：一七四。次頁有一連串的計算，然後是幾個字：「不可能。」

的確不可能。她花了將近兩年的時間，用八噸重的瀝青鈾礦重複作業，現在卻必須從頭再來。

瑪麗相信自己的方法沒錯，但她的資源太貧乏了。

法國倒也沒有全然忽視皮耶．居禮，科學院也曾兩度頒獎給瑪麗；只是，認識他們的價值、真正提供支援的，總是外國。

在一九〇〇年的物理學大會上，法國和其他國家的物理學家，注意力都集中在居禮夫婦談了這麼久的新輻射物質上。這對夫婦曾經致送樣品給所有在研究這問題的科學家，其中最重要的是貝克勒——他對自己發現的射線已重拾興趣。

日內瓦大學的院長來到巴黎，提出非常誘人的邀請：該校願聘皮耶為物理學教授，年薪一萬法郎，另附房屋津貼，還提供一間實驗室，配置兩名助手，實驗所需設備概由校方購置。瑪麗在此實驗室中也有正式的職銜。

皮耶接受了對方的邀請，他和瑪麗很快便前往日內瓦，受到熱烈歡迎，事情似已底定。可是數週之後，日內瓦大學的院長卻收到他們的辭職信，裡面滿是冠冕堂皇的理由。

怎麼回事？據瑪麗說：「皮耶．居禮很願意接受（瑞士方面的邀請），後來因為不符合我們鐳研究的眼前利益而終於回絕。」

其實，皮耶本來已經接受邀請。各種跡象顯示，這次仍然是瑪麗做的決定。龐加萊不知怎的得知居禮夫婦要離開法國的消息，他向索邦大學的同仁施加壓力，要他們保證物理、化學及自然科學部一旦有教授出缺，一定要讓皮耶來遞補。很快的，皮耶便得到這個職位。

同時，高等師範學校的副校長也告訴瑪麗，一九〇〇到一九〇一學年度，該校聘請她講授一年級和二年級的物理學課程。他們終於不必再為家用發愁了。

但是這些對皮耶和瑪麗的研究工作並無助益，只會更添困難。正當別國的實驗室都在競相研究居禮夫婦開展的領域之際，瑪麗卻得忙著準備每週兩次的授課。學校遠在塞夫爾（Sèvres），她總是搭電車往返。皮耶則在兩所學校擔任兩門課，還負責指導實驗。後來他實在疲於奔命，便申請擔任索邦大學礦物學系的一門課，不幸又遭拒絕。

現在皮耶是索邦大學的教授了，是不是至少可以有一間像樣的實驗室供他工作呢？沒有。他只分配到居維路校區兩間小得可憐的房間，對瑪麗的工作毫無用處。他在這裡來回奔波，承擔愈來愈多的工作之際，得到這對夫婦慷慨提供放射性物質的外國科學家，卻在他們設備齊全的實驗室裡研究瑪麗費盡千辛萬苦收集、提煉的物質。他們這樣做，是符合當時的道德觀念與科學精神的。

不過，這些科學家可不想讓別人超越自己。

在加拿大工作的拉塞福於一九〇二年一月五日寫信給他的母親說：「我忙著寫些報告發表，一方面做些新的實驗。我不能稍停，因為總有別人想要超越我。在這領域內，我最不可輕視的對手是貝克勒和巴黎的居禮夫婦。他們這幾年來已經在放射性物體方面做過非常重要的研究。」

這研究儘管阻礙重重，但確實是非常重要。瑪麗提煉出來的鐳愈來愈純，皮耶觀察到它還會發熱，而且熱量不小。皮耶估計每一克的鐳一小時可放出一百卡路里的能量。

兩千年來大家都相信宇宙間的一些定律，諸如：能量既不能製造、亦不能消滅；物質不能起化學變化；原子不能分解——所以才叫做原子。然而十九世紀末的科學家，卻不得不對這些定律提出質疑。

皮耶和瑪麗提出的假設是：輻射性原子具有其他原子沒有的特性，可能便因此放出那神祕的能量。但他們說，這個假設只是幾個可能的解釋之一。後來是拉塞福和索迪（Frederick Soddy）繼續追究，而發現放射性原子會自然分裂。這是多麼奇特的現象！瑪麗稱之為「原子轉換的激變」。

拉塞福不錯是一流的科學家，但皮耶．居禮也是。皮耶若得以充分運用他豐富的想像力和時間，難說他不會領先拉塞福。

皮耶原猜測放射性原子釋出的能量來自太陽輻射。他從來不擔心別人超越他。至於瑪麗，她求證的精神無可比擬。她要證明鐳是一種確確實實存在的元素。不管工作如何超重、手指如何裂痛，也不管身體如何勞累，她的決心都不動搖。

一九〇〇年秋，他們回波蘭省親度假之後，重回倉庫工作。不過，事情有點不一樣了。他們好像散發出一種芬芳，年輕的研究工作者受到吸引而來。這芬芳的來源，是他們的研究、皮耶的感染力、瑪麗的強烈意志與堅強力量（她的外表愈來愈纖弱，只會使她的堅強更顯得動人），這樣的一對佳偶、他們獻身科學那種近乎宗教的精神，以及他們苦行僧式的生活。

有些人原本與他們僅有工作上的關係，後來成為朋友。物理學家薩尼亞克（Georges Sagnac）和科頓（Aimé Cotton）、化學家兼雕塑家佑爾班（Georges Urbain）都成為凱勒曼大道居禮家的座上常客。到了週日，皮耶的一些昔日學生也常來此消磨下午時光，朗之萬是其中之一。

大約就在此時，一個頭髮蓬亂，名叫德比埃爾內（André Debierne）的化學家，進入居禮夫婦的生活。認識他的人說，他深深愛上了瑪麗。不論此事確否，直到瑪麗去世那天為止，他隨時隨地隨侍在側，供她驅策。對於這份不止息的熱情，她可曾給過任何回報？有人說是有的，但是大家都不承認，正如皮耶去世幾年以後發生在她身上的緋聞，至今大家避而不談。

這種態度如今看來或許不可解，在當時卻是很自然的。畢竟那年代女性的名節就是一切，女性即使別有所戀，行為亦不能踰距。

一般人總期望瑪麗是聖人也是烈士，可是從所有跡象看來，她兩者皆不是，在兩性關係上亦然。她是一個年輕女子，生在一個絕大多數婦女游移於自責與狂亂之間，除此之外別無選擇的時代。我們若硬把她當成聖人或烈士，不僅是自欺欺人，也湮沒了她的另一層面。

有關德比埃爾內和另一位據說也傾心於瑪麗的數學家，我們所知不多。想來即使發生過麼事，她也已經消滅了證據。但若不是經歷過愛情的風暴，她不會在晚年寫下：「我相信人生的樂趣若全賴狂暴如愛情的感情來維繫，是沒法滿足的。」這也是她的一個層面——她從不把人生的樂趣全投注在愛情上面。

德比埃爾內為人謙沖、內斂，不喜表達，但他是優秀的化學家，先是與皮耶一同研究放射性，很快發現了一種新而重要的放射性元素，命名為錒。負責管理索邦大學化學及物理實驗室的佩蘭，讓德比埃爾內在那裡做研究。

瑪麗終於摸索出萃取鐳的最佳方法。一家化學製品公司要求使用瑪麗的方法，並加以改良，皮耶和瑪麗很高興的答應。德比埃爾內就負責監督作業過程。

教書工作也擴展了瑪麗的視野。開始在塞夫爾的高等師範學校擔任講座時，她是第一個出任此職的女性。這學校專門為女子中學訓練師資，教師都是一時之選，佩蘭也是其中之一。佩蘭只比瑪麗小三個月，才氣煥發。

對於教書這件事，瑪麗一方面擔心自己教不好，一方面又對自己的能力充滿自信。她力求表現。此外，她的女權意識也在這裡展露出來：塞夫爾是女校，而女性，工作環境既不佳，求知機會又少。有一個女學生這樣形容瑪麗：「她不讓我們眼花繚亂，她安我們的心，吸引我們學習。她的作風簡潔、心思細密，亟欲對我們有所幫助，知道我們無知，卻又看出我們的潛力……，這些都讓我們為她著迷。她是第一個與我們建立人際關係的老師。」

在那以前，塞夫爾的學生從沒碰過實驗設備。瑪麗把原本一個半小時的課程延長一倍，好帶她們做實驗。瑪麗還在塞夫爾的課程裡加入微分與積分。簡言之，她認認真真的做教書這件工作，正如她總是認認真真的做每一件事。

瑪麗的教書工作和皮耶擔負的額外課業，雖然減少了他們做實驗的時間，卻也讓他們少接觸輻射物質。但是只要稍有空閒，他們便會回到心目中真正的工作上去。瑪麗不再親手處理成噸的瀝青鈾礦，初步的萃取工作由她訓練出來的幾位化學家，在德比埃爾內的指揮下進行。這包括從礦渣裡瀝出十到二十公斤的硫酸鋇，轉化成氯化物。這些氯化物裡所含的鐳仍然極微：約十萬分之三。

瑪麗這時候想做的，是用分段結晶法自鋇中析出鐳。這是她想出來的方法：鐳鹽在結晶體裡會濃縮，每結晶一次，鐳便愈趨純化。瑪麗後來終於能給德馬塞一分克（十分之一公克）的純鐳鹽，是她結晶幾千次的結果。四年之內，她的體重也減輕了十五磅以上。

但瑪麗不關心自己的體重，她關心的是一九〇二年三月二十八日她寫在黑皮本子上的：「Ra = 225.93。鐳的原子量。」

這標示著科學史上一次前所未有的探險就此結束。這也標示出某種快樂的結束：一件事情一旦完成，就某方面而言它也就毀了。

幾天後，巴黎的沙龍裡紛紛談論著鐳，因為鐳可以治療癌症。科學院頒贈二萬法郎給居禮夫婦，獎勵他們「萃取放射性物質」之功。一種治療方法、一門工業，以及一則傳奇故事，自此誕生。

第十一章

第一個記者造訪發現鐳的倉庫之後報導說，這種神奇的治病良方是一個很有教養的年輕女子所發現的，這女子身兼妻職和母職，她在一間簡陋的雜物間裡工作了四年而得此成就。群眾開始天馬行空的想像。

不錯，瑪麗是辛苦工作。但就在同時，法國國會通過法案，女工和童工每日工作時數為十一小時，中間休息一小時。那時候沒有人想像得出，女性除了在工廠做工之外，還能在實驗室裡，做那樣艱苦又令人肅然起敬的工作。一九〇二年，法定工作時數減為每日十小時半，但工資也相對降低。

當時出外工作的女性人數其實與一九七〇年相當，其中四分之一受雇於工廠。她們的工資比男性同工低很多（例如在一家銅扣廠，男工一天五．七〇法郎，女工僅一．五〇法郎，而買一公斤的糖就要一．一五法郎），大家習以為常。而且直到一九一〇年，婦女才終於有權支配自己的薪資，不必依法全數交由丈夫處置。同工同酬？只有極少數女工膽敢要求，一般人也不支持。這些女工還遭到監視。

在金融、時裝和文學界，中產階級的女性抗爭比較激烈，但她們的抗爭屬於另一層次。兩位女小說家本來一直使用男性筆名，頗受歡迎，後來她們挺身而出，要競選文學學會的委員，卻遭到名小說家兼劇作家米爾博（Octave Mirbeau）的反擊：「女人不是頭腦，女人是性，那要美麗得多。她在這世上只有一種功能：做愛，也就是繁衍種族。女人除了做愛和做母親之外，做什麼全不適宜。少數女人——非常、非常罕見的例外——在藝術或文學上有創造力，但這是異類，或者僅是反映男性的影響。我倒寧願欣賞一般所謂的妓女，因為她們至少與這個宇宙相諧調。」

在這樣的社會背景下，當大眾聽說有一個名叫瑪麗．居禮的「異類」發現了治癌妙方時，簡直是群情聳動。一九〇二到一九〇四年，居禮夫婦的盛名是有正反兩面的。

科學界不再有人懷疑鐳是一種元素。大家所思所慮的是放射性現象顯示的意義，違反了過去大家接受的宇宙定則。這一點讓科學研究者意動神馳。

可是就算在今天，又有多少人知道拉塞福或波耳（Niels Bohr）的大名？弗萊明是因為發明盤尼西林，才比較多人知道。居禮夫婦舉世皆知，是因為提到他們，就想到癌症的治療。有些騙子甚至把鐳吹噓成萬靈丹：

本世紀最偉大的發現

拉瑟爾鐳溶液

可防止禿頭

不讓白髮滋生

當時的報紙上不乏這樣的廣告。

有兩位德國研究人員宣稱輻射物質對身體組織有影響。皮耶立刻故意把手臂暴露在鐳的照射之下，欣喜的發現造成傷害。他向科學院報告這經驗：

大約六公分見方的皮膚變紅，像是曬傷，但是並不痛。過了些時候，顏色更紅，但並未擴大。到第二十天，結成痂，然後開始潰爛。我們把傷口包紮起來。到第四十二天，傷口周圍的皮膚再生，漸漸向中央聚合。照射五十二天之後，中央仍有約一公分見方的腐爛，其色呈灰，顯示壞疽加深。

這裡要補充一點，居禮夫人以一隻密封的小試管盛裝幾公毫的極活躍物質，放在厚鐵盒子裡，她手持鐵盒，也受到同樣的灼傷。

除了這些極端的作用之外，我們在研究極活躍產品之時，雙手還受到各種影響：常常脫皮；指尖硬化，有時很痛；我們之一指尖發炎達兩週之久，後來皮膚脫落，兩個月後痛感還沒有完全消失。

貝克勒把一隻裝著鐳的試管放在背心口袋裡，也遭灼傷。他很生氣，告訴居禮夫婦說：「鐳！我愛它又氣它！」

貝克勒的觀察於一九〇一年六月三日發表，與皮耶的報告同時。貝克勒還提到，鉛可以阻隔鐳的傷害。但居禮夫婦是自願受鐳之害的。

醫生開始利用鐳治病。鐳確實能殺死皮膚癌的病變細胞——再生出來的細胞是健康的。

現在要解決的是如何大量自礦石中萃取鐳。

居禮夫婦得到同僚的肯定，當然感到滿意。更重要的是，這才公平。法國官方對皮耶的態度讓瑪麗起反感，不是因為損及她的虛榮（她只有驕傲，而無虛榮），而是因為那是一種不公平的表現。

現在他們的照片和訪問談話刊登在報紙上，不時有訪客打斷他們的工作，還常有人邀請他們赴宴，這份不公平是否得到彌補了？

在友人的力勸之下，皮耶出馬候選科學院院士。科學院物理組宣布他們一致支持皮耶，認為他必然當選。但是他必須先向舊規投降——展開競選活動、四處拜訪院士、討好他們、陳述自己的長處、爭取他們支持。這些他都全然不會。所以結果他不僅落敗（二十三票對二十票），而且痛苦、失望，對自己很不滿意。

其實，這一次的失意不如輻射線對皮耶的影響來得大。他和瑪麗繼續在倉庫中暴露在輻射線之下，這不僅讓他意氣消沉，也減損他的生命力。

瑪麗這方面也受到重大打擊：她的父親手術失敗而去世，她趕回華沙已經太遲，未能見其最後一面——他的遺體已經入棺。她要求開棺，跪在親愛的父親面前，再三自責。她責怪自己沒有善盡奉養之責，自私的留在法國，違反當初的承諾。布洛妮亞最後不得不把她拉開。

瑪麗雖堅強，卻不能承受死亡。就連死的念頭都會驚嚇到她，似乎感覺那是大自然對科學的輕視嘲弄。

自此，瑪麗有時會中夜起身，在家人都已沉睡的屋內徘徊。皮耶為她的不眠憂心，但他自己有時也會因痛楚而睡不著。瑪麗便陪他坐起，焦灼無助，直到天明。到天明，又該去教書、去實驗室，而他們已疲累至極。

「我們選擇的人生道路，真是艱苦。」皮耶曾經這麼說。

薩尼亞克於某個週日在居禮家盤桓一天之後，震驚於這對夫婦的憔悴，寫了一封長達十頁的信給皮耶：

這是一九〇三年四月二十三日，星期四的早晨。我求你記在心上：我是你的朋友，雖然年輕，仍然是你的朋友。盼望你因此能夠耐心而仔細的讀我的信。我在物理學會見到居禮夫人，她變得太多了。我知道她工作過度，忙著寫論文，但是她一定可以抽空休息的，等到論文通過，更可以好好休息。但是這讓我想到，她的抵抗力不夠強，不能過兩位那種純智性的生活。你的情況也是一樣。我若像你們那樣糟蹋自己，恐怕早已是黃土一坏了。我舉些事例說給你聽。你們兩人簡直不吃東西。不止一次，我在你家餐桌上大快朵頤之際，就看到居禮夫人細嚼兩片香腸，用一杯茶送下去。用心想想吧，我求你。你不認為再強健的體質也受不了這樣的不飲不食嗎？

你若說她可能不會理睬你怎麼說，那不成理由。我還預料你可能回答我：「她不餓！她這麼大了，難道不知道該怎麼照顧自己？」

我說她真的不知道。有些時候她就像個孩子。我這樣說絕對有理由，而且是站在朋友的立場。她為何如此，其實也很容易看出：你們沒給自己吃飯的時間。你們幾乎沒空吃飯，晚飯又吃得太晚，胃等待得太久而緊張起來，最後拒絕發揮功能。當然有時候一個研究沒做完，會晚一點吃飯；偶一為之是可以的，但是經常如此就不對了。……

你愛伊雷娜嗎？若是我，才不會為了讀一篇拉塞福的論文，忘了吞嚥身體需要的東西。忙著看這可愛的小女孩倒有可能。請代我好好抱她一下。她再大些，便會同意我的話，給你同樣的忠告。為她想想吧。……

居禮夫婦的朋友見到皮耶和瑪麗的奔波勞碌，都很憤慨不滿。因此這一年，索邦大學科學部的新科主任艾培寫信給皮耶，請他「幫個忙」同意列入七月十四日（法國國慶）的受獎名單。艾培也寫信給瑪麗，請她「運用你所有的影響力，讓居禮先生答應。這件事本身當然不重要，可是想想實際的好處——實驗室、獎金等等，那是很重要的。」

皮耶・居禮給艾培的答覆是：「請代我謝謝部長先生，告訴他，我不需要獎章，但確實迫切需要一間實驗室。」

這時他們每一天都收到大批信件，皮耶自己覆信，雖然他已開始感到握筆困難。有一封信來自美國紐約州水牛城。當地的一些工程師要開一家鐳製造廠，請求提供資料。這天，皮耶在覆信之前先徵詢瑪麗的意見。萃取及純化鐳的技術是她發明的，如果取得專利權，以後全世界所有的鐳製造廠都要付給他們專利費。

瑪麗思量過後，決定不申請專利。物理學家總是發表自己研究的全部結果，居禮夫婦也會把全部結果公布出來。任何人要使用，都可以得知她的整個操作過程。

在二十世紀初，一克鐳的價格高達十萬美元（當時的一百萬法郎，相當於今天的七八百萬法郎）。後來剛果（今薩伊）發現豐富鈾礦，加上當地勞工廉宜，立刻主宰了市場，無人可與競爭。一克鐳的價格跌到七萬美元。三〇年代在加拿大又發現鈾礦，引發一場削價競爭，後來在一九三八年簽訂同業公約，規定底價為二萬五千美元。

由此可見居禮夫婦原本可以賺多少錢。但是瑪麗在一九〇四年所作的決定，既符合她不求私利的基本原則，也符合科學精神。到一九二〇年代，她體會到錢財並非魔鬼的化名，反倒是研究必須的工具時，便極力爭取「國際聯盟」（League of Nations）承認科學家對自己的發明或發現有「所有權」。以後我們會談到。

科學家對自己的發明一向申請專利，皮耶．居禮亦不例外。但專利品是各種儀器用具，而非基本的科學發現。基本的科學發現在科學界流傳，並無限制。所以在一九三九年，法國、美國和德國同時在研究核分裂和連鎖反應，官方要求科學家保密，遭到不少抗拒。此是後話。

又有一封信，來自倫敦。英國皇家研究院邀請居禮先生赴倫敦，作一場「週五晚的演講」。這是一種英國獨有的傳統——向一般大眾講解科學。講座極受歡迎，聽者踴躍，研究院前的大街只得單向通行，成為倫敦第一條單行道。當時英國的物理學界菁英輩出，都曾在此擔任講座。聽眾則男的著燕尾服，女的珠光寶氣，來聽大科學家講普及科學。

皮耶．居禮在英國已有名望，克耳文爵士和杜瓦（James Dewar，化學家、物理學家）都早在皮耶發現鐳以前，便認識到他所做壓電、磁性及對稱等研究的重要。但是現在鐳是科學界最感興趣的事，皮耶也是應邀赴皇家研究院向大眾講述鐳。

當皮耶走上演講廳的講臺，接受聽眾熱烈歡迎時，他顯然是病了。他的兩腿發顫，雙手疼痛。背心的扣子還是別人幫忙扣上的，那套黑西裝，他平常教書時穿，為了來演講，瑪麗還仔細給他燙過。儘管如此，也儘管他講的是法語，演講仍然極其成功。他知道怎麼跟外行人談科學，怎樣藉助實物來講解。他當場示範鐳如何在黑布包裹的感光片上留下影像；他要求關燈，讓大家都能看見輻射光；他拉起袖管，給大家看鐳在他手臂上留下的傷痕。我們不知道他有沒有開玩笑的測試那些美婦人低胸禮服上佩戴的鑽石是真是假：假鑽逃不過鐳的法眼。

我們倒知道，他不小心倒出了一點試管裡的鐳。五十年後，還有勞一組清理人員來處理，因為大廳裡仍測得出輻射能。

皮耶演講時，瑪麗穿著她的「正式服裝」，坐在克耳文爵士旁邊。十年來她只有這一套「正式服裝」——黑色，扇形領。她因為全無品味而不喜打扮，毋寧是一件好事。為了方便，瑪麗不是穿黑便是著灰。黑色讓她顯得出色，因為旁人很少穿黑衣；而灰色很好配，尤其配她淡金色的頭髮。她反而因與眾不同而引人注意。何況這時候瑪麗恢復了光采——她再度懷孕，這次沒有太不舒服，倒平添韻味。

大廳裡不乏女性，皇家研究院鼓勵女性來聽週五晚的演講，但是也防範「不適當的女性」前來。

院方卻沒想到瑪麗會隨丈夫一同上臺，皮耶講，瑪麗聽。在這場盛會上，瑪麗認識了一個與她有同樣苦惱的女子——艾爾頓教授的妻子赫莎（Hertha Ayrton），後來成為她的朋友。赫莎是很優秀的科學家，什麼場合她都可以出席——只要她不多說話。

六天之後，角色互換，輪到「斯克洛道斯卡居禮夫人」闡述她的博士論文，答覆口試委員李普曼、包提和莫瓦桑（Moissan）的詢問。口試在索邦的一個小講堂舉行，真是史無前例，從沒有女性接受博士論文口試。瑪麗自己也深知此事意義重大：自此，物理學家和化學家名單上有了一個女性，那就是她。

因為瑪麗，也因為她的論文題目：「放射性物質之研究」，小講堂裡擠滿了人。瑪麗邀請了佩蘭、朗之萬，以及塞夫爾的女學生來旁聽。當然，坐在皮耶和居禮醫生旁邊的還有布洛妮亞，她遠從波蘭而來，感動之情更甚於瑪麗。

瑪麗讓在場的人心弦悸動——那樣蒼白，那樣年輕，金髮黑衣之下是纖弱優雅，用她那帶斯拉夫口音的輕柔聲音，回答三位衣冠楚楚的口試委員提出的問題。更驚人的是，在場至少有一些人心裡明白，在所討論的這個問題上，她比口試委員懂的更多。

口試依時結束，主試委員宣布：「巴黎大學頒授你物理科學博士學位……，」還提到「非常榮幸」的字眼。他還說了一句不太尋常的話：「夫人，我謹代表口試委員會，向你致賀。」這位先生便是李普曼，他後來於一九〇八年獲得諾貝爾獎——在瑪麗獲獎之後。

另一位後來得諾貝爾獎的人（除佩蘭之外），錯過了目睹瑪麗這場勝利的機會，那是拉塞福。他剛好路過巴黎，想要拜會居禮夫婦，因此來到他們的實驗室，才知道居禮夫人此刻正接受論文口試。他急忙趕去，但已經太遲，不過朗之萬邀請他赴家中小酌，為瑪麗慶功。

當晚，在朗之萬家的餐廳裡，瑪麗身邊圍繞著當代名男人：拉塞福、佩蘭、朗之萬、皮耶．居禮。四十四歲的皮耶最年長，雖無任何官銜，看來卻像是權威人物。

三十二歲的佩蘭最早證明電子性質，這時剛剛建構出現代原子理論。在此之前，有關原子的假設是一八〇三年由英國化學家道爾頓（John Dalton）提出的。可是後來的種種科學思潮都與此假設不合。

後來也是佩蘭率先說明群星為什麼閃亮，太陽為什麼能給地球帶來光與熱。他並且提出利用火箭作星際旅行。那還是在一九一〇年以前。這詼諧、熱情、精力充沛的人片刻不息，頂著滿頭鬈曲的紅髮，簡直像個小精靈。他搬到居禮家隔壁住下，兩人常常站在各自的花園裡交談。佩蘭的太太亨麗埃是唯一可以直呼瑪麗之名的女子，兩人交相莫逆。

當時三十一歲的朗之萬最年輕。他的身材頎長，理平頭，留著翹山羊鬍，眼神溫柔。他腹中藏詩何止千首，時喜吟誦。熱愛生活的他，正是當時法國魅力男子的典型。「朗之萬像個騎兵隊長，」女詩人諾阿耶（Anna de Noailles）這麼說。這可是一種讚美。

其實，朗之萬是當時法國思潮下的典型產物，篤信辛勤工作的價值，認為藉助教育可改善社會。如果說皮耶·居禮一生有如邊緣人，不守社會常規與傳統，在想像的世界裡漂浮流浪；那麼朗之萬的人生在他那個時代，就是典型天資聰穎的窮人家孩子。

朗之萬的父親是個鎖匠，工作有一日沒一日的。唸完小學本來家裡就不要他唸了，還是老師去跟他母親說：「只要有辦法可想，一定要讓他繼續唸書。」這才唸了中學。中學快畢業時，又有一位老師說：「想想辦法，你一定可以做個工程師的。」於是他去考物理學校，當家教賺錢付學費。他就是在那裡做了皮耶·居禮的學生，並對他產生仰慕之情。

後來有位教授勸朗之萬去唸師範學校，但是師範學校要考拉丁文，而他沒學過。苦學四個月，他竟然以第一名考取，後來在教師資格考試中也是第一名。朗之萬得過兩次獎學金，其中一次是資助他赴國外短期進修，他選擇去最著名的劍橋卡文迪許物理實驗室；另一次是資助他撰寫有關氣體電離的論文。在法蘭西學院擔任實驗物理系主任的馬斯卡特注意到朗之萬，提拔他為助理。真是紀錄輝煌。

大科學家，包括皮耶·居禮在內，在學校裡的成績不一定頂尖，甚至根本不是好學生。曾經有位教授對少年時代的愛因斯坦說：「只因為有了你，班上同學對我的態度就不好。」愛因斯坦果然沒考上蘇黎世的工藝技術學校，大家都說他「漫不經心」。

有時候他們真是不在乎。拉塞福便是如此。後來在他五十多歲的時候，有人說他和波耳這兩位物理學家，最接近愛因斯坦所立下的天才典範。不過那晚在朗之萬家晚餐時，拉塞福才三十二歲。拉塞福在劍橋便認識了朗之萬，對其高度欣賞，而說朗之萬「真是個不錯的傢伙」。拉塞福活力十足，天賦奇高，父親靠打零工養活一家。他不諱言愛財愛名，表明了要求名求利。在劍橋便有人聽到他揚言：「這是科學的英雄時代！」有人不懷好意的對他說：「你是個幸運鬼！總是騎在浪頭上！」他立刻反擊：「那當然，是我造的浪啊！」

貝克勒觀察到鈾的輻射線之後，拉塞福很快發現射線不只一種：有阿爾發射線和貝他射線——「我的」阿爾發射線，他總是這麼說。接著，他和年輕化學家索迪合作，得出自瑪麗分離鐳以來，放射性方面最重大的發現：放射性元素放出射線時，會分裂成一系列新元素；放射性原子自動裂解，其速度不能以人為方式加快或減緩，但各種放射性物質之原子分裂速度各有不同。不過，在朗之萬家的那晚，他沒有談到研究方面的進展。

一個剛剛登上放射性研究后座的矜持保守女性，和一個有心在同一領域稱帝的大嗓門男子，在這晚首次會面。照理應該會不歡而散，結果卻展開了畢生不渝的一份友誼。往後，當瑪麗的桀傲不遜惹惱一些科學家時，是拉塞福出來為她辯護，他還說：「居禮夫人不好對付。身為女性對她而言時而有利，時而不便。」他很快便了解瑪麗。

拉塞福言語直率，以平輩對待瑪麗，而不以殷勤男子對待女性的態度。瑪麗則素來是本色待人，不存心迷人而自然有魅力。拉塞福總是為「她不合常理的打扮」而感動。

那晚的聚會興味盎然，賓主盡歡。朗之萬手頭並不寬裕，又已經有兩個孩子，但他慷慨豪爽，為瑪麗慶功的酒和乳酪都是精心挑選而來。至於話題，那更是談不完的。

那是六月天，氣候宜人。天色暗下來之後，皮耶自口袋裡掏出一管鐳溶液，試管一半用硫化鋅包裹著。在黑暗中，硫化鋅與鐳同樣發光。皮耶在這群眼光熱切如青少年的朋友面前展露這一手，他說：「你們看，這是未來之光。」但是他那紅而痛的手指，愈來愈握不住那小小的試管了。

暑假開始。瑪麗自行到布列塔尼去租了一間別墅。她再度懷著孩子騎腳踏車出遊。這次來不及送她回巴黎，她的孩子早產，只活了幾小時便夭折。

那時候沒有人知道小孩夭折的真正原因。雖然皮耶和兩位醫生所做的最新研究已經證實，老鼠和天竺鼠暴露在鐳射線之下，會造成極嚴重的肺充血，白血球也會產生病變。

瑪麗病倒了，整個夏天躺在床上。皮耶、居禮醫生和伊雷娜都陪著她，還有她邀來一同度假的一個學生，後來嫁給科頓的尤金妮。那忠誠不渝的德比埃爾內也在。她躺著時氣色不錯，但她寫信給布洛妮亞說：「這孩子早已成為我的一部分，很難斷念。如果你覺得是因為我太累而致此，請寫信告訴我，因為我得承認，我還不能饒恕自己。我太信任自己的體質，現在後悔莫及，付出了慘重代價。那孩子是個女兒，我多麼想要她！」

禍不單行，波蘭傳來消息，布洛妮亞的次子感染結核性髓膜炎，幾天就去世。「我現在看著女兒都不禁擔憂害怕，」瑪麗寫信給哥哥：「布洛妮亞的不幸讓我心碎。」

一年之內遭遇三次死亡，瑪麗帶病回到巴黎，又罹患感冒，一直不得好。

瑪麗決定不和皮耶同去倫敦，領取皇家研究院頒給他們的戴維獎章（Davy Medal）。同年十二月，皮耶、瑪麗和貝克勒同獲諾貝爾物理獎，居禮夫婦也沒有出席，而由法國駐斯德哥爾摩代表，自瑞典國王手中代領此獎。

皮耶致函瑞典皇家科學院常任祕書奧里維留教授，要求暫緩舉行他們二人的演講。按例，諾貝爾獎得獎人要在皇家科學院發表演講。

「我們這時候出國，一定會嚴重影響教學課程。再者，居禮夫人今夏患病，至今未痊癒。」

一九〇三年居禮夫婦得此殊榮的消息，是十二月十日由皇家科學院正式發布的。這是瑞典方面第三次頒發此獎，第一個獲得此獎的物理學家是倫琴。評審委員在決定頒獎給居禮夫婦之前，曾與國際間最知名的科學家磋商，因此消息未公布，即已引起科學界極大的興趣。尤其因為這次獲獎的當中有一位女性，一位體弱的金髮女子，她所發現的神奇物質可以救人性命。諾貝爾獎這次獎勵的研究成果，是一對夫妻在一間簡陋無比的倉庫裡完成的。這一切多麼浪漫！

這個故事感動了全世界好久好久。一夜之間，瑪麗與皮耶·居禮成了家喻戶曉的人物，而這，後來卻成為一種痛苦的折磨。除了舞臺明星因其工作性質本就如此之外，居禮夫婦是現代史上最早受到盛名之累的人物。

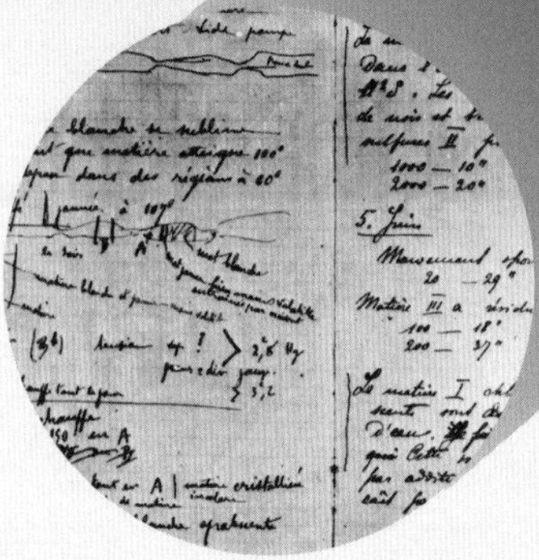

第三部 盛名

這位年輕的孀婦，已經成為不可輕視的人物。
在當時的科學星空中，無疑是獨一無二的明星。

第十二章

「我們離群索居的生活遭到干擾，讓我們深感痛苦，如遭大難。」瑪麗如此寫道。她似乎已經開始棄獎賞如蔽屣，甚至抱怨諾貝爾獎不該頒給他們。顯然盛名比貧賤更讓這對夫婦苦惱。

諾貝爾獎的七萬法郎獎金，加上瑪麗與布朗利合得的俄賽里斯獎（瑪麗得六萬法郎，布朗利得四萬法郎），居禮夫婦至少不必再愁「沒有錢」了（注）。他們把一部分錢借給德魯斯基（布洛妮亞）夫婦開療養院，一部分給皮耶的哥哥，一部分用來買禮物，還在家裡修建一間新式浴室。餘下的全都在華沙市換成法國公債和股票。不過，我們都知道，錢就如健康，失去了才知道它的重要。

據說愛因斯坦曾應卓別林之邀去看電影《城市之光》，到了戲院，發現人群包圍了他們的座車，盯著他們瞧，還喊著他們的名字，他大驚，問道：「這是幹什麼？」卓別林回答：「沒什麼。」

這正是皮耶的看法。他打心底裡厭惡獎賞，把人分階分等，即使是為了凸顯其優點，在他看來也是離奇荒謬的。

注：俄賽里斯（Daniel Osiris）於一九一一年去世，將所遺三千萬法郎捐給巴斯德研究所。

瑪麗則不然。她自認高人一等，因為她是決心要出頭的。在這個社會裡，她身為女性，不得不隨時隨地證明自己的出眾，才能得到平等待遇。她不能自命清高。瑪麗·斯克洛道斯卡不是拚了命要「出人頭地」的嗎？因此她對各種獎譽並非無動於衷，只是她的確有卓見，看得出獎譽不能代表真正的優越。

但她景仰皮耶的「視虛名如浮雲，不因別人的看法改變而動搖其心」，努力學皮耶的模樣。再說，她發現自己成為人群包圍的對象，簡直要嚇出病來。

所以，夫妻二人因著不同的理由，非常不願意公開露面，不願受人刺探、讓人拍照、被人畫成漫畫、像奇禽異獸般讓人觀賞。不幸他們處境正是如此。在實驗室裡、在家裡都會被人團團圍住，有人窺探、有人求懇。

那間倉庫現在是全世界報紙報導的對象，各種各樣的好奇人等都慕名而來，包括法國總統盧貝（Emile Loubet）在內。凱勒曼大道上那棟「洋溢著兩位偉大科學家親密情愫的可愛房子」更是遭到記者們的圍攻，輪番質詢屋裡的女僕、伊雷娜甚至貓咪。

他們像兩條金魚，被人硬從水裡抓出來。不，他們不想參加宴會；不，他們不想去美國；不，他們不想去參觀汽車展，不想去觀賞新戲彩排，不想對第一屆龔古爾文藝獎發表意見；不，瑪麗不希望有一匹賽馬取她的名字；不，他們不想讓《晨報》在大廳裡展出他們的照片。

《巴黎之聲報》以兩欄地位刊出描寫皮耶的漫畫，令皮耶十分煩惱；瑪麗則不高興別人形容她為「一個迷人的母親，纖細敏感，心靈對深不可測的事物極為好奇」。更讓他們震驚的是酒館推出的表演節目，演出他們二人匍匐於地，尋找在細密的提煉過程中不慎遺落的鐳。

瑪麗覺得自己遭到剝奪，她寫信向約瑟夫、向布洛妮亞、向海拉申訴。「最重要的是，」她寫道：「別忘了我！」她有種發生異變的恐懼，像是眼看自己的身上長出鱗甲，在變成什麼怪物之前，呼叫兄弟們別忘記她原先的模樣。

這一場旋風把居禮夫婦攪得憔悴又憤怒，尤其是有人假藉他們的名義，說鐳有各種神奇療效，可治療目盲、結核病和神經痛，還能做街燈和暖氣之用。

狂人、假紳、不知那兒來的發明家，要拍照片、要錢、要與他們說話，寫信之不足，還一定要親自登門拜訪。居禮夫婦極力在周圍築一道城牆而不可得。

有些邀請不便推拒。他們就曾赴愛麗絲宮（法國總統府）晚宴。「要不要我介紹希臘國王給你認識？」有位女士問。「我看沒必要，」瑪麗回答。說完了才發現原來問話的是盧貝總統夫人，於是很不好意思的加上一句：「好啊，如果您願意的話。」

那麼再介紹奧匈帝國的大使認識吧？他們以前用的瀝青鈾礦，是多虧該國政府幫忙才弄到的。認識一下格雷佛伯爵夫人怎麼樣？這位夫人在她的華廈裡成立的沙龍，是巴黎最高水準的，社會名流無人能謝絕她的邀請。至於這邊這位夫人呢，她說過想要提供一間實驗室呢。……

他們的確還沒有一個像樣的工作地點。瑪麗仍在那間倉庫裡，萃取愈來愈多醫生索取的鐳。

諾貝爾獎頒發之後，法國政府覺得有必要對居禮夫婦示好，於是宣布為皮耶在索邦大學設立普通物理學講座。可是「只聞樓梯響，不見人下來」，皮耶惱怒極了。後來終於設立講座，校方卻不提供實驗室。在這個講座之下，皮耶、瑪麗（她的職位是研究工作負責人）和一個助手外加一個小弟的薪資都有了，儀器設備卻無著落。皮耶更為氣憤，拒不接受。經過調停，國會終於通過撥款十五萬法郎，把居維路上校方原本撥給皮耶工作的那兩間狹小的房間擴建。皮耶看出，採取這種折衷方案的結果，光是改建房子就會把那十五萬法郎花掉大半，實驗設備依然買不起。他的心情更壞了。

在這瘋狂的一年裡，皮耶和瑪麗的日常生活失去了平衡。獲諾貝爾獎之後剛好一年，瑪麗生下第二個孩子。突來的盛名和其後的種種活動，讓瑪麗得以每週至少遠離鐳射線幾個小時，而她也暫停在塞夫爾的教書工作，好調養身體。這次的懷孕和以前又不一樣，據她說，她變笨了，成天不是吃就是睡，好食美味而不想談物理、數學、放射性之類的事。這讓皮耶徬徨無助，好像被切斷生命之源。瑪麗怎麼啦？沒什麼，只不過是懷孕了，而且這次她全心呵護胎兒。但瑪麗仍很恐慌，懇求姊姊來幫忙。

布洛妮亞來了。布洛妮亞安慰瑪麗，保護她，給她做好東西吃，幫助她重建自信與安全感。瑪麗終於生下一個漂亮的女兒，取名夏芙。瑪麗欣喜不已，幾週後便恢復健康，重新對生命充滿熱愛。她強自抑制了多年的動物本性，此時如浪決堤。

「我們要吃、要喝、要睡，彼此相愛——我是說，我們不能不依附生活中最甜蜜的事物，可是又不能完全屈從於它們。」皮耶曾如此談到他「脆弱的腦子」：「我們要過生活，可是同時，我們全心經營的非屬本性的思想，仍要維持它至高無上的地位，沉著自若的穿透我們可憐的頭顱。」這話一點不錯，不過在瑪麗的頭腦裡，屬於本性的想法，現在要在諸多不合本性的思想裡占一席之地了。

瑪麗一早起來，照顧孩子，打理家務。塞夫爾的教書工作恢復後，又把居維路皮耶那間擴建了的工作室逐步整理成實驗室。可是她也要休假，要享受生活，要遠離煩囂。再者，盛名對瑪麗而言不那麼難耐，她不像丈夫，認為名氣有百害而無一利。

在皮耶與他總角之交的朋友古依（Georges Gouy）寫信時，有時會有些怨嘆的語氣，對生活的描述有時與瑪麗有些微不同。

例如在一九〇五年七月，他寫道：「我們還是過著同樣的生活——非常忙，卻沒做什麼有意思的事。我有一年沒做什麼事了，也沒時間靜思獨處。顯然我還不懂得怎樣保護我們的時間，不被人零碎浪費掉。可是我非得學會不可，此事攸關智性的生死。」

確實，皮耶在得諾貝爾獎之後，再沒有發表過論文。

「我得的似乎不是風濕，而是神經衰弱，」皮耶寫道。為了治療神經衰弱，家庭醫生給他吃番木鱉鹼，又要他多吃點營養品。但那年十一月，他擔任普通物理學講座時，寫信給古依說：「我不太舒服，可也沒生重病。我很容易疲倦，不能像以前做那麼多事。內人則積極有勁，照顧她的孩子、教書、規劃實驗室。她一分鐘也不浪費。實驗室的事，她管的比我多得多。」聽聽這語氣：「積極有勁」、「她的」孩子。

皮耶和瑪麗感情從未疏淡，只不過生活裡總有各種不如意，而皮耶現在已控制不住情緒。

這一對原本遺世獨立的愛侶，過去生活的那崇高莊嚴的世界，已經在不知不覺中改變了。他們現在比較常在戲院露面。穿著晚禮服參加晚間活動的巴黎人，用長柄望遠鏡觀察皮耶不成樣子的外套和瑪麗一成不變的灰衣。

皮耶素感興趣的通靈術，現在成了時尚。X 光的發現讓人對肉眼不可見的事物產生無盡的遐想。當時有位著名的靈媒名叫芭拉狄諾。有一晚，皮耶．居禮與佩蘭見到這美麗的女巫。女巫坐在他倆中間，右腳放在他們當中一人的左腳上，左腳放在另一人的右腳上，要求把燈全部關掉。出現了一種「心靈波」，先掃過皮耶的臉，再掃過佩蘭的。就在這時，不知是誰打開了燈，才發現原來芭拉狄諾趁兩人不注意，用什麼東西壓住鞋子，自己則溜到一旁，正在對空揮舞著棉圍巾呢。

居禮夫婦也出現在被視為當代繪畫聖殿的一個沙龍裡。大雕塑家羅丹的作品《沉思者》那時正在展出，瑪麗喜歡羅丹，常常去他的工作場看他。

美國女舞蹈家富勒當時正在巴黎演出，極受歡迎。她在表演中運用精心組合的燈光，因此有「光的精靈」之稱。她在報紙上讀到鐳能發光的報導，便寫信給居禮夫婦，詢問她怎樣可以把鐳披在身上，讓她全身閃爍發光。

皮耶回信（他回信給每個人）中並未嘲笑她的無知。女舞蹈家受到感動，選擇一種高雅的回報方式：她表示願意到居禮家來，特別為他們表演。於是那晚凱勒曼大道上居禮家的飯廳就成為舞臺，美國來的電工把飯廳布置得和舞臺一樣閃亮。富勒舞得很開心，也從此與居禮夫婦建立起友誼。原因之一也許是雙方的職業雖天差地別，彼此卻有一種名人之間的惺惺相惜吧。

瑪麗始終不習慣面對人群，或與陌生人打交道。但是盛名加身之後，她的態度溫和了些，唯獨不能忍受貿然的親暱行為。可是誰敢對她親暱？居禮夫人是望之儼然的女性，就連晚宴上坐在她鄰座的人、她的學生、她的工作夥伴，都感受到她那神聖不可侵犯的態度。數學家博雷爾（Émile Borel）年方十九的妻子瑪格麗特膽大皮厚，能把法國最拔尖的科學家化作繞指柔，卻也不敢在她面前造次。

居禮夫婦的交遊圈裡出現了博雷爾夫婦，不時來他們家中小坐。博雷爾是傑出的數學家，黑髮、英俊。他的小妻子瑪格麗特是索邦科學部主任艾培的女兒，活潑冒失。博雷爾夫婦和佩蘭夫婦每週輪流招待他們從前在師範學校唸書時的同窗，不過參加者皆為男性，已婚者如朗之萬，也不帶太太來。這些數學家、物理學家和化學家會圍繞著鋼琴與爐火而坐，喝啤酒，吃蛋糕。有時候作家如貝璣（Charles Péguy）、布魯姆（Léon Blum）和赫里歐（Édouard Herriot）也會來。赫里歐與所有人打賭，看有誰能在有關詩或雨果的問題上難倒他。談到雨果，確實連朗之萬也不及他熟知。朗之萬最傾慕的作家是巴爾札克。

這群知識廣博的年輕男子，話題從最奧祕的科學問題到最粗魯的玩笑都有。有時佩蘭坐在鋼琴前與朗之萬合唱〈聖杯之歌〉，兩人都熱愛華格納。那時華格納的歌劇剛開始在巴黎上演。

小瑪格麗特長得漂亮又愛賣弄風情，到處招蜂引蝶。她公然與佩蘭調情，因為他蓄著翹鬍子，就稱他「大天使」；又與那「長了一對漂亮栗色眼睛」的朗之萬眉來眼去。在這群人裡，她像個美麗的小傻瓜。佩蘭不是說嗎：「花不解語。」

他們有時在晚間去成人補習學校授課，瑪格麗特也隨同前去。課後，他們會在課室後面的廚房與學生聊天。學生裡總有幾位沒戴帽子的女工（那時候帽子是資產階級的地位象徵）。瑪格麗特懂得傾聽，能博取別人的信任，在她面前吐露衷曲；她還擅長嗅出一樁戀情的開始或結束，更懂得在有人大喊著「我餓了」而來時，給對方弄一盤炒蛋吃。

「有時候，」瑪格麗特寫道：「皮耶和瑪麗．居禮幽靈似的溜進來。皮耶幾乎不說話。瑪麗看起來年輕又迷人，在別人談論科學問題時，她會驟然插嘴，長篇大論的發表意見。他們懾住了我。」

可是這麼不喜歡閒扯的瑪麗，也掙不脫這乖巧的小人兒。瑪格麗特後來成了女權運動者，創辦了一份女性刊物，還邀到皮耶．居禮為她撰稿。再後來，她還以卡蜜兒・瑪波的筆名寫小說，頗負文名。

一晚，博雷爾夫婦與居禮夫婦在戲院相逢。這天上演的是易卜生的戲，瑪格麗特十分興奮，絮絮不休的談論劇中女主角。瑪麗覺得好玩，吻了她一下。瑪格麗特受寵若驚，六十年後還不忘在回憶錄裡記下這一筆。

博雷爾夫婦有氣勢、有風度，廣結權貴、個性強、勇氣夠。因此幾年以後，當瑪麗成為一宗醜聞的主角時，博雷爾明知情況險惡，仍勇敢的庇護了她。

在大學裡，固然有些富家子弟，但更多是父母儉省到極點，才供得起兒子唸師範學校或工藝技術學校的。這些子弟往往成為法蘭西的驕傲。博雷爾是牧師之子，佩蘭的父親早逝，母親開菸草店維生。而朗之萬的父親，我們說過，是個鎖匠。

是這些人延續了法蘭西尊重知識的傳統：他們飽讀詩書，喜歡在政治演說中引經據典；即使專攻水電，也必先研讀文藝、哲學，他們重視考試和學位，也廣泛涉獵歷史與文學。世人要在很久以後，才體認到這種態度其實是很難得的。

一九〇四年，法國社會主義領袖饒勒斯（Jaurès）告訴時任眾議員的白里安，有哪些人要為他新創辦的報紙《人性報》撰稿（白里安本人充當政治記者）。饒勒斯很驕傲的說：「其中七位擁有高學位！」白里安回道：「可是記者在哪裡？」他問的有理。

不過也沒關係。那時候知識份子有一個想法：知識屬於每一個人，如此人民便擁有解放自己的工具。因此，自由是始於知識的傳授。「革命不發生於工廠，而發生於學校！」饒勒斯說。前途看來十分光明。

博雷爾和他的朋友都積極支持政教分離運動。居禮夫婦持同樣態度。他們至今未給兩個女兒受洗，而在當時，領洗幾乎是一種社會義務。不過他們也沒有改宗。皮耶同意伯特洛的說法：「科學是一種解放人心的工具，多少世紀來卻屈從於神權政治之下。」

若說居禮夫婦沒太注意政壇騷動，那是因為他們害怕隨政治而來的暴力。而自一九〇二年孔布當選總理以來，暴力更延伸到教會裡去。

孔布原是位神學教授，正因知之深，叛教更激烈。有些人視他為撒旦之子，另些人則稱他「人民之父」。他得到國會支持，推行「政教分離、社會改革、責任分擔」的政策。自那以後，任何職位的提名或升遷，都須先審查其忠誠。

政教分離法案於一九〇五年通過，施行之時不乏磨擦。瑪麗後來也身受其餘波之害。

不過這時候，瑪麗比較不關心法國政壇的紛爭，她關心的是俄國的動亂。

布洛妮亞和約瑟夫都寫信告訴她，這一次，波蘭終於要脫離俄國的壓制了。

「但願這份希望不要破滅，」瑪麗回信給約瑟夫說：「我熱切盼望，無時或忘。不論如何，我們應支持俄國革命。我會寄錢給凱希米代為捐獻。我既不能直接出力，只好出錢。」

他們的希望，短期內是破滅了的。

可是瑪麗時記在心的另一份希望，卻得以實現——皮耶獲選為科學院院士。皮耶再度答允參選，這次在短暫的掙扎之後，他做了違反本性的事，依習俗一一拜訪各院士。

「親愛的居禮，」馬斯卡特寫信給他：「盡力而為吧，六月二十日以前你要勉力拜訪完所有院士，就算要包租一輛車也行。」

皮耶．居禮照做了。但他何以改變態度，我們不解。想來就是瑪麗在旁勸說，應也不致說動他的。這是他第一次也是唯一的一次接受他本國人的禮讚。畢竟沒有誰是完人。

可是他一旦當選，便寫信給古依傾訴煩惱：

我發現我不喜歡加入科學院，而科學院也不需要我。……每個人都告訴我，他們認為我應得五十票。這便是我幾乎不得其門而入的原因。

……我能說什麼？在這裡什麼事都變得複雜，都有陰謀。有些人認為我選前的拜訪不夠周到，便藉題打擊我。

真的，我不禁自問在這兒幹什麼。開的會全沒意思，這顯然不是我的圈子。

皮耶當選後，《祖國報》刊出一篇對他和瑪麗的訪問報導。記者問瑪麗，她是否認為自己也應得到類似的肯定？她答道：「啊，我只是個女人，科學院裡不會有我的位子。」報紙說她唯一的野心是協助丈夫工作。

讀者還沒來得及讚賞這份女性的謙抑，瑪麗已經激烈否認，說這項報導「純屬臆測」。該報主編只得承認並且道歉。

根據瑞典科學院章程規定必須要赴斯德哥爾摩受獎的事，延展兩次之後終於成行。此行相當愉快，瑞典方面把典禮安排得簡單隆重，沒有虛文，沒有大批群眾，也沒有大作宣傳。皮耶和瑪麗會見的大都是科學家。又因為瑪麗會說德文和英文，他們可談的人很多。再者，六月的瑞典極美，對居禮夫婦這樣熱愛大自然的人來說，當然是很愉快的。

照例，每位諾貝爾獎得主都要演講他獲獎的作品或成果。雖然瑪麗是和皮耶共同得獎，但演講的人當然是皮耶。他站在講臺上，瑪麗則坐在聽眾之間。

皮耶剛剛度過得獎之後混亂不堪又無科學成就的十八個月，但他對科學研究的意義感覺比以前更敏銳。他仍篤信在談論社會問題時，自己再三告訴學生的話：「社會問題不值得憂慮，物理學家會輕易解決，因為他們會為每一個人製造足夠的財富。」

但皮耶在演講末尾說：「我們也能想像，在為非作歹的人手中，鐳也會變成非常危險的東西。在此，我們不得不自問：人類是否真能因探知大自然的奧祕而獲益？我們夠不夠成熟，可以得其好處而不致反為所害？諾貝爾的發明即為一典型例證：他發明的強大炸藥可以用來做很多重要工作，但在大奸巨滑的手中，卻成為可怕的破壞工具，將我們拉向戰爭。」

最後皮耶說：「我和諾貝爾一樣，相信人類會從新的發現中獲益更甚於受害。」

像皮耶．居禮這樣的科學家，獻身科學有如藝術家獻身藝術，為的是逃避日常生活的蕭瑟荒涼。但是鐳的發現卻在他原本穩步前進的道路上挖出一個無底洞，在這洞裡他看到祕中之祕，讓他著迷又恐懼——那是物質之謎。不過後來是另一位科學家，利用鐳和其他放射性元素，分裂了原以為不可分割的原子核。

那時候科學上的發現接二連三，居禮夫婦不過是這一大串科學鎖鏈當中的一環。當一個人宣布「我發現了」之時，他可能只比另一個有同樣發現的人早發表幾天而已。那落後的人，也許是遲疑不敢宣布，也許是走岔了路，也或許是知識太博雜，反不能分辨何者為真，何者為偽。

普朗克後來就承認，一九〇〇年他提出有關「量子」的假設時，遭到的冷嘲熱諷簡直讓他感到絕望。這項假設把物理學全盤倒轉，沒有人願意接受。而五年以後，當愛因斯坦引用他的量子理論在光學上時，他自己也不免排拒。

龐加萊曾於一八九六年建議貝克勒展示他的 X 射線實驗，又於一九〇四年談及「相對原理」，已經提出一些有關相對論的證據，卻「就是對相對論有敵意，那麼敏慧的人，好像就是不懂我們在做什麼」（愛因斯坦語）。

龐加萊在一封推薦愛因斯坦擔任蘇黎世大學教授的信裡寫道：「愛因斯坦先生鋪設了條條大道，我們因此可以想像其中大部分行不通。但同時我們也期望他所指出的方向有一個是正確的。」龐加萊又說：「這已經夠好了。路總是這麼走出來的，數學物理的功能是善提問題，只有經由實驗，才能回答問題。」

正當皮耶．居禮在斯德哥爾摩發表演講的時候，愛因斯坦提出著名的方程式：$E = mc^2$。這個方程式要到三十年後，才透過實驗證明；到一九四五年廣島投下原子彈，才具體展現。核能電廠也是此方程式的另一種應用，伯特洛預言的「幾乎不需人力便可自行再生的新能源」由是成真。

皮耶．居禮演講中透露的悲觀，當然不僅是身體上的衰弱所致。

第十三章

一九〇六年四月十五日，瑪麗陪著孩子們住在鄉下，那是前一年夏天，她在巴黎近郊租的一座房子。

皮耶後來也下鄉來，和她們一起。

復活節週日和次日，一家人共享天倫之樂。到週一晚間皮耶就要回巴黎了。歡樂之中有些淡淡的憂愁。

居禮夫婦把他們的夢想縮減到比較可行的程度，工作內容也隨之改變。現在兩人都負盛名，他們之間的關係也需要調整，這是很花力氣的事。在外人看來，他們的表現無懈可擊，因為皮耶總是「把所有的榮耀歸於妻子」——他的一位英國同事這麼說。可是他決定放棄對放射性的研究，回過頭去致力於結晶物理學，這門學問當然也是很重要的。

這年春天雨水特多，塞納河的水位一度升高到警戒線上。但是春去後，天氣卻晴朗宜人之至。皮耶和瑪麗於是效年輕時代舊事，在鄉間小道漫步，摘取新開的野花，然後回家來，在壁爐裡升起熊熊的爐火。他們聊到未來。皮耶構想幾種不同的教學方法，夢想為自己的女兒和其他所有的孩子們設計一套教育制度，納入科學這一學科——沒有科學，二十世紀的文化還有什麼意義？

週一晚間，他搭火車回城，身上猶有金鳳花的香氣。瑪麗隨後在週三晚上回來。巴黎又落著雨。當晚，在物理學會的晚宴上，皮耶和龐加萊談起教育改革。第二天中午，他去參加索邦大學科學部的午餐聚會，出來後準備順道去高瑟出版公司（Gauthier-Villars）一趟，校對他的一篇文章，接著要趕往科學院，參加一項會議。

雨停了，皮耶沿著聖喬曼大道往南走，走到高瑟出版公司門口，才發現門鎖住了，因為印刷廠的工人罷工。一九〇六年五月的大罷工已經展開。他轉往道芬路，向碼頭方向的科學院走去。

雨又下起來，皮耶撐起傘。街道狹窄又擁擠，他於是從一輛出租馬車後面，跨到馬路上來。不過十秒鐘，他的頭便撞在泥濘的路面上。

原來有一輛雙馬貨車自碼頭轉入道芬路，與那輛出租馬車迎面擦身而過。車夫只見一個黑衣男子手持雨傘猛然出現在左側馬前。黑衣男子（皮耶）吃馬一撞，搖搖欲倒急切中伸手去抓馬具，卻被雨傘勾住，結果滑倒在兩匹馬中間。車夫極力挽住馬，那五公尺高，載著軍事裝備的車身，卻收束不住，左後輪撞上皮耶的頭，撞碎了它。

人群湧來，七嘴八舌的指責那嚇壞了的車夫。另外有些人開口說，他們看見是那男子莽撞的衝出來，才招致不幸。爭執的雙方扭打起來。這時警察來了，有人攔住一輛街車，車夫卻拒絕載運，怕血玷汙車座。

終於運來了一個擔架。他們把這黑衣男子抬到最近的警察局，從他的外衣口袋裡找到一些邀請卡，上面寫著那赫赫的名字。有些卡片上寫的是凱勒曼大道的住家地址，有些寫的是科學部的地址。警局一位督察打電話到科學部。

在警察局外面，風聲很快的傳出去。皮耶・居禮給貨車撞死了！圍觀的人群恨不得把那車夫撕成碎片。警方把車夫帶走，連同馬車和那對焦躁不安的馬。車夫名叫馬寧，三十歲，坐在局裡的長椅上哭泣。旁邊一位醫生則在拼湊皮耶的頭骨，並且清洗他的臉部面孔——雖有汙泥，卻完好無損。

首先自索邦科學部趕來的是皮耶以前的實驗室助手柯拉克，他看到那碎裂的頭顱，忍不住掉淚。醫生隨即用繃帶把頭骨綁好。「你確定是居禮先生嗎？」督察問柯拉克。然後立即拿起電話通報內政部長。皮耶若知道自己有這麼重要，一定會很不高興，但現在他再也聽不到了。

總統府派了信差去居禮家找居禮夫人，女僕回答說夫人尚未回家。第二次門鈴響，老居禮醫生親自去應門。他看到佩蘭和科學部主任艾培悲傷的臉，什麼也沒問，便說：「我兒死了。」他們敘述事件發生的經過，老醫生鎮定下來，喃喃自語的說：「這次他又是在夢想些什麼呢？」

瑪麗那天回家較遲。她用自己的鑰匙開門，一走進去，便看到佩蘭、艾培和老醫生在那兒等她。他們輕描淡寫的說明事故。

瑪麗頓時呆住。過了一會兒，她問：「皮耶死了？他真的死了？」

是的，皮耶真的死了。

她的臉色轉白，默然不語，好像要把自己緊縮起來。

她要不要找人驗屍？

不要。

她要不要把皮耶的遺體運回家中？

要。

瑪麗拍了電報給布洛妮亞，又送信給佩蘭太太亨麗埃，請她暫留伊雷娜在那裡玩，不要送回來。然後，瑪麗走到花園裡，雨仍然下得很大。她坐在花園裡等候，一小時又一小時。

警察局的督察先給瑪麗送來皮耶的鑰匙、錢包和手錶，接著救護車來，德比埃爾內隨車前來。瑪麗領著他們把擔架抬進底樓的一個房間，平靜的看著他們把遺體抬出來。等他們都退出去，瑪麗把房門關上，單獨留在房裡，和皮耶一起。

第二天早晨，瑪麗見到連夜從蒙培利爾趕來的雅各·居禮，哭了一會，然後又恢復平靜。

不斷的有人來探望。慰問的電報從全世界每個角落湧來，信件堆積如山。皇室、政治人物、科學家都為皮耶哀悼；有的唁文四平八穩，有的誠摯感人。皮耶・居禮是個名人，而且大家都喜歡他。

誰該在葬禮上致悼詞？誰代表政府出席？誰代表科學院？正當大家議論不休的時候，瑪麗提前舉行了葬禮。皮耶是星期四下午過世的，星期六早晨便行安葬。沒有儀式，在場的只有幾個朋友。時任教育部長的白里安則悄悄的到場。

一九〇六年四月二十二日的《新聞報》刊出了這樣一篇報導：

居禮夫人挽著公公的臂，跟在她丈夫的棺木後面，走向墳地。墓穴已經挖好，是在栗子樹林裡。她站在墓前，有一陣子看來全無表情。但是在獻上花圈的時候，她突然接過來，把花一朵一朵的撒在棺材上。她緩慢的、從容的做這件事，似乎渾然忘卻周圍人群的存在，而那些人也都屏息靜觀，為之動容。

但是，司儀卻不得不提醒居禮夫人，應該接受在場諸人的悼慰之意。於是，她一句話也沒說，任由花圈掉落地上，再度挽住公公的臂膀而去。

自那時起，瑪麗就被稱為「那著名的遺孀」。那年她三十八歲，皮耶剛滿四十七。他們結婚快十一年了。十一年夠長，足夠讓愛情的根深入婚姻的土壤。這株愛情樹原是可以天長地久的。

瑪麗不但失去朝夕相處，一同工作、共享成果的伴侶，也失去安全感。瑪麗失去了那個不論她是驕傲或是沮喪、是靈智或是頑固、是羞怯或是果決，都一樣愛著自己的男人。皮耶愛她，只因她是心上人。

瑪麗不只為皮耶哀悼，也為她自己哀悼。她還這麼年輕，所愛的又是一個偉大的人。這年輕的瑪麗已隨皮耶而去，再也沒有人能喚回了。

瑪麗也為過去多次與皮耶意見不合而開始折磨自己、責罰自己。

瑪麗在一本灰皮筆記本裡記錄下皮耶剛離世的那段日子。她原本整潔細小的字跡，在這時忽然變得雜亂無章。以下是這篇哀思紀事的片段：

皮耶，我的皮耶，你靜靜的躺在那裡，像一個可憐的傷患，頭包著繃帶睡了。你的唇，我常形容為貪婪的唇，現在蒼白無血色。你可愛的髭鬚沾染了灰塵，頭髮則幾乎看不見，因為那正是你的傷處。前額之上的右方，便是頭骨破裂的地方。啊！你傷得好重呀！流血真多，衣服都染紅了。你的頭受到的撞擊多麼厲害，那是我經常以兩手摩娑的頭呀。……我要吻你的眼瞼，你閉得那麼緊，我可以輕輕觸摸，把你的頭扳向我，如以往熟悉的姿勢……。

……星期六早上，我們把你放在棺材裡，他們搬動你的時候，我扶持著你的頭。我們最後一次親吻你冰冷的臉頰，然後從花園裡摘下幾朵長春花放在棺木中，你喜歡的一幅我的小像，就是你稱作「乖乖的小學生」的畫像，也放了進去。

……棺木蓋上了，我再也見不著你了。我不能忍受人家拿一塊難看的黑布覆棺，因此我覆以鮮花，然後坐在旁邊。

……他們來抬你了，那群人很不討喜，我眼睜睜的看著他們，沒有說話。我們把你送到索鎮墳場，看著你進入那大而深的洞穴。大批人圍過來，要把我們帶走，雅各和我不肯，要留下來一直到最後。他們填好墳，在墳頭上放了一束束的花，一切都結束了，皮耶在地底下永眠了，這是所有的一切的終結。

五月七日，葬禮之後兩週，瑪麗寫道：「我的皮耶，我沒法不想念你。我頭痛欲裂，內心充滿疑惑。我不能相信至今而後再也見不到你，再也不能對我這一生最知心的朋友微笑。」

五月十一日：「我的皮耶，我睡了一個好覺，比過去這些日子平靜的覺。可是起床後不到十五分鐘，我又像一隻野獸般想要號叫了。」

她要是能號叫得出來也就好了。

葬禮次日，瑪麗去了佩蘭家。七歲的伊雷娜正在和佩蘭的女兒阿玲玩。瑪麗告訴伊雷娜，她父親去世，她似乎不懂，只管玩她的。「我懂得比較快，」阿玲告訴我們：「我還聽到居禮夫人對我媽說：『她還小，不懂。』」

其實伊雷娜不是「還小」。瑪麗一走，伊雷娜便哭起來，要求回媽媽身邊。

「她在家裡大哭了幾場，過後她出去，到小朋友家，想把這事忘掉……。現在她好像不太掛懷了。」瑪麗在她的灰色記事本上寫道。

「約瑟夫和布洛妮亞來了。他們真好。」

「大家談論不休，而我眼中只有皮耶，皮耶躺在死亡之床上。」

在這段瀰漫著哀愁與困惑的日子裡，瑪麗心神不寧、神經緊張，總是沉默無語。兩家人都為她憂慮。一個單身女人帶著兩個孩子，要怎麼過日子？

皮耶的朋友想到發起募捐。瑪麗只用兩個字，便把這念頭給打消了，「反對」。政府通知雅各．居禮，瑪麗可獲國家撫恤金，比照巴斯德遺孀的前例。但她拒絕接受，她說她可以工作，願意工作。

那麼，瑪麗該在那兒工作，做些什麼呢？她要的是什麼？答覆是她什麼都不要：「我甚至不要自殺。」瑪麗在灰皮小本子上寫。

雅各．居禮和古依為這事與皮耶的朋友商量。他們籲請教育部設法，索邦的科學部於是召開一次會議，終於提出這樣的邀請：只要瑪麗願意，她可以繼任皮耶原有的普通物理學教席。

這份工作是她願意接受的：過去還沒有女性獲准擔任高等學校教職。和其他某些領域一樣，女性首次踏入，是踩在一個死去男子的肩膀上才得以成功。

「我願試試，」瑪麗說。一九〇六年五月十三日，她受聘為助理講座，溯自五月一日起生效，年薪一萬法郎。她在灰皮本子上寫：「我親愛的皮耶，我要告訴你，金鏈花開了，紫藤、山楂和鳶尾花也含苞待放，你一定會喜歡的。我還要告訴你，他們把你的教席給我了，有些笨蛋還為此恭喜我呢。」

雅各、古依和約瑟夫都放了心，分別返家，留下疲倦但沉靜的瑪麗。古依於五月九日致函瑪麗，感謝她願意「暫時放下哀思，留心皮耶極其關切的科學事宜。」古依還告訴她正在實驗中的電路（electrical circuit）新發展。一八九八年，古依已發現布朗運動（Brownian movement，微粒體在液體中的無定向無規則運動）是熱現象。

「一切都陰鬱苦悶，」瑪麗於六月十六日寫道：「忙於生活瑣事，竟無餘暇靜靜的想念我的皮耶。」

灰色筆記本的內容，目前僅有極少數的片段公諸於世。不過，我們獲悉，布洛妮亞三十年後描述出來一幕令人毛骨悚然的場景，瑪麗當年並未在筆記本裡告知皮耶，雖然皮耶總之是看不到的。

那是在布洛妮亞準備離開瑪麗，回到札科帕內她的丈夫身邊之時。有天晚上，瑪麗喚她進入臥室，那春天的夜晚並不冷，但是壁爐裡生了火。「布洛妮亞，」瑪麗開口：「你得幫我。」她鎖上門，從衣櫥裡取出一包黑色厚紙包裹的東西，拿起剪刀，蹲在火前，示意姊姊在她身邊坐下，然後打開包裹。

裡面又是床單綑好的一包。瑪麗解開床單，布洛妮亞看到一團沾滿乾泥和血跡的衣物，就是皮耶在道芬路上摔倒時身上的衣服，瑪麗放在她房間裡已有一個月。

瑪麗開始一剪一剪，有條不紊的把皮耶的外衣剪成塊，一片一片的丟進火裡。忽然她停下來，瘋狂的親吻那沾了泥土的衣服。布洛妮亞奪下剪刀和衣物，把包裝紙、床單等都丟開。

「我不能讓別人碰這些，」瑪麗說：「你懂嗎？」

瑪麗猛然抱住姊姊，哭喊：「我怎麼活？我怎麼辦？」

布洛妮亞花了很長的時間才撫平瑪麗的情緒，送她上床，看她睡下。

春去夏來。內心一片灰暗之際，陽光只能帶來痛苦。

「我每天待在實驗室，」瑪麗在灰本子上寫：「再也想不出有什麼能帶給我快樂，也許本來科學工作能，但現在連這也不行，因為我若有什麼成果，怎堪不能與你分享？」

可是瑪麗一定會有成就，她也一定要承受寂寞，因為，這就是她的人生。

第十四章

一九〇六年十一月五日中午，人群開始向索邦大學湧去，其實課程要到一點半才開始，講堂的門都沒開，大家就聚集在門外的廣場上。到一點鐘，小物理講堂的門一開，人群立刻蜂湧而入，門幾乎是立刻又關起來了。「前排座位的聽眾看起來像是來聽交響樂團演奏的人，」《新聞報》報導：「他們衣冠楚楚、高戴禮帽。幸好講堂是階梯式的！」坐在佩蘭太太和艾培之間的是葛里佛伯爵夫人，她戴著自製的女帽，很容易辨認出來。

大約有十五名塞夫爾來的學生，到場觀賞這場重要演出：女性大學教授的第一堂課。她們很驚訝的發現，到場的名媛貴婦、藝術家、攝影記者和波蘭移民比學生還多，大家一起坐在講堂裡，聽講「氣體的電離」。

按照慣例，一位新任教授開課，應由教務長先作介紹，教授一開口則先向教育部和校方表示感謝，接著頌揚前任教授的卓越貢獻。但是到一點二十分，艾培站起來宣布：尊重瑪麗．居禮的意願，前面的這一段儀式都予以省略。一點半，瑪麗悄悄溜進講堂。她把講義放在桌上，兩手交搓之時，臺下的聽眾熱烈鼓掌。她低眉斂目，等待掌聲止息，然後以平板的聲音開始講課：「想想十年來物理學的進展，我們會驚訝於，我們對於電和物質的看法改變了多少。」她是接續皮耶的課程，從他的斷裂之處接下去講。

但是瑪麗心靈的傷痛太深，精神幾乎是在崩潰的邊緣。她的聲音根本聽不清楚，說話的速度又太快。反正，底下的聽眾本就聽不懂她說些什麼——她就算講中國話也沒多大差別。可是在這講堂裡進行的一切仍讓聽眾淚眼模糊、喉頭發緊。每一個人都被這穿著黑衣的瘦小人兒深深吸引住。

瑪麗講完課，掌聲如潮。她收起講義，溜走了。時距那矮小的波蘭學生初自華沙來此、首次穿越索邦的校園，已是十五年。

「她鬈髮覆額，有如梅姆林（畫家）筆下的聖母，」有人這樣形容瑪麗那天給人的印象。另一位先生則寫道：「她奇異的臉龐看不出年齡，明亮而深邃的眸子則似乎閱讀太過或哭泣太甚而顯得疲倦。」《新聞報》專欄作家把這件事說成「女權運動的一大勝利，因為既然女性可以在高等學府教導男女學生，所謂的男性優越何存？我敢說，女性躋身人類之列的日子就要到了。」

瑪麗登上講壇幾個月後，一個名叫伊佛特（Colette Yvert）的暢銷小說家出版一本《科學公主》，書中女主角特瑞西（Thérèse）是醫生之女，繼承父親衣缽，雖然已婚，育有一女，仍繼續行醫。結果呢？實際的生活可不像外表看來那般絢麗：她照顧不好家庭，先生的衣領沒有挺，而孩子也夭折。丈夫於是向一個慵散的小寡婦處尋求慰藉與熱情。特瑞西終於了解自己不應仿效父親，而應學習母親的榜樣。故事的高潮是特瑞西放棄自己的事業，在家裡大賓宴客，為的是幫助丈夫事業有成。

小說暗示的是，居禮夫人若在家中相夫教子，丈夫便不會意外身亡——死時所穿的襯衫說不定還掉了個鈕扣沒縫。就算是家中有僕人，沒人監管也是不行的。

那年底，《科學公主》獲頒「婦女獎」，評審委員全是女性。女性主義的路，還遙遠漫長得很呢。

比較嚴肅但也更傷人的攻擊來自克耳文爵士。這位高齡八十三的顯赫老人曾到巴黎來參加皮耶的葬禮，一向對瑪麗也很關愛。但他認定鐳不是一種元素，並且把他的意見用投書形式刊登在倫敦《泰晤士報》的頭版，這當然引起極大的騷動。

他的假設是：鐳可能只是鉛和氦組成的分子。這不僅與瑪麗．居禮的假設不符，也違反拉塞福和索迪的「原子能」理論。身為英國物理學元老的克耳文，顯然對這些年輕後輩大不以為然，但他也必須為他的立論努力辯護。

一九〇六年整個夏季，《泰晤士報》成為這場激戰的戰場，戰火還延燒到專業雜誌《自然》。當時所有的知名科學家，或遲或早都捲進了這場論戰。

「我認為沒有必要駁斥克耳文爵士的理論，」瑪麗語氣高傲的寫道。代表現代放射能化學的科學家，都支持她抗衡元老的立場。她是對的，看不出原子放射能可能性的人既已提出質疑，與之爭辯是沒有用的，要設法證明才行。

為了證明，瑪麗必須製造。四年辛苦工作，幾千次的實驗過程，她確實是有幾公毫的鐳化合物，但現在要的不是這個，而是純鐳元素。瑪麗是唯一可以製造這種金屬的人。從這時起，她的實驗室得到相當有力的物質支援——來自卡內基（Andrew Carnegie）。

卡內基經營鋼鐵工業賺了大錢，現在個人生活雖仍很儉樸，卻熱心資助各種行業。皮耶死後，卡內基在巴黎見過瑪麗，看到她裹在憂傷的盛名之中，卻沉靜如常。卡內基為瑪麗言行的簡約、目標的明確深深感動，決定資助她的研究。卡內基的做法相當高明：他與巴黎學術院副院長商議捐款事宜，建議成立一個基金會，不叫卡內基基金會，而叫做居禮基金會。「居禮，包括居禮夫人，」他解釋說：「這是我衷心所願。」

瑪麗獲得資金，重新整頓實驗室，更新設備，增聘助手，用她自創的方法，訓練出新一代的研究人員；同時在德比埃爾內的協助下，著手證明克耳文爵士的謬誤。這又花了四年時間，辛苦磨人的工作，得到的是以數量而言微不足道的成果——十公毫的鐳。

「製造的過程非常困難。」事情結束之後，瑪麗只說出這麼一句話。利用水銀陰極電解鐳溶液，她提煉出微量但無可置疑的白色金屬鐳，估計熔點在攝氏七百度。

同一時期，瑪麗還解決了與德國化學家馬克華（Willy Marckwald）的一場紛爭。馬克華經過與瑪麗同樣艱辛的實驗，以為自己發現新的放射性物質，命名為radiotellure。瑪麗認出這物質不是別的，正是她所發現的釙，於是花費十個月的時間證明此事，甚至以德文發表一篇備忘錄。馬克華不得不承認落敗。

克耳文倒沒有嘗到戰敗之辱，他等不及迷人的居禮夫人證明他的錯誤，先行去世。從某方面來說，他幫助了瑪麗，因為只要承受得起，別人的挑戰是最可貴的事。瑪麗驕傲而堅強，因此從不服輸。在國際科學界看來，這位與丈夫共同發現鐳（沒有人弄得清楚她到底居功多大）的年輕孀婦，已經成為不可輕視的人物，在她的領域內無可匹敵，而又因為身為女性，在當時的科學星空中，無疑是獨一無二的明星。

瑪麗的青春已逝，但是在她生氣蓬勃的時候，似乎渾身充滿知性的光輝，散發出一種特異的弱質之美，令有幸見到她的少數人目眩神迷。另一方面，有時候她又極其冷漠，不討人喜歡，甚至可說讓人難以忍受——這就是美國物理學家包特伍對她的看法。一九〇八年，包特伍請求瑪麗准許他分析自己的鐳溶液與瑪麗的鐳溶液，確認二者之間有何異同，遭到斷然拒絕。

「夫人全然不願作此比較分析，」包特伍向拉塞福抱怨。由於先天個性，瑪麗不願做任何可能直接、間接幫助別人研究放射能的事。原就有些人認為居禮夫人空負盛名，包特伍從此與他們持相同論調了。不過，每當科學家聚會的時候，他們可不敢對她稍有不敬。

敵視瑪麗的人說，她以健康不佳為藉口，每當討論對她不利時便聲稱「神經耗弱」而離席，次日重回會議桌發動攻擊，最後總是以她自己的意志強行壓倒別人，使別人在讓步之餘，憤怒不已。

在布魯塞爾召開的國際鐳標準協議會，意見尤其分歧。制定鐳的計量標準，在研究工作和醫療方面都非常必要，因為鐳的使用劑量必須精確計算，有了標準，各國便可以自行產製。

大家一致認為這個標準該由居禮夫人訂定，因為她是這方面的權威。有人建議把鐳的計量單位命名為「居禮」，而瑪麗也就坦然接受。可是到底是什麼樣的單位呢？「一克鐳在平衡狀態下放射出的物質之量，」瑪麗說。她拒絕進一步討論，便離開會議室，閉幕式的晚宴也沒有參加，說是她受到風寒。佩蘭和拉塞福費了番唇舌，才讓與會的其他科學家相信瑪麗的健康狀況確實不佳。

瑪麗提出的定義標準通過了。後來，拉塞福又使盡渾身解數，說服瑪麗自己也要接受這個國際標準。她勉為其難的自玻璃試管中取出二十一毫克提煉而得的純鐳，親手封好，寄存在國際度量衡局。

只有偉大的拉塞福知道怎麼和瑪麗打交道，因為拉塞福不敬畏瑪麗——他喜歡瑪麗。布魯塞爾會議後，有一晚他們同去看歌劇，表演中途瑪麗不舒服，他護送搖搖欲倒的瑪麗回旅館，心裡很為瑪麗難過。「她的神經不健全，」參加會議的好幾個醫生都這樣告訴拉塞福。神經本身不會生病，只是傳達身體某些部分生病的訊息。可是在一九一〇年，還沒有人明白這個道理。

瑪麗對其他科學家不假以辭色，除非她覺得對方才幹夠高，可以和她討論事情。另一方面，她對實驗助手卻很慈靄，雖然要求也高。對他們而言，瑪麗是老闆，但瑪麗卻稱他們「實驗室裡的孩子們」。有一位挪威來的學生葛蕾蒂（Mme Gleditsch）這樣描寫瑪麗：

地方不大，工作人員也只有五六個。瑪麗．居禮每天都來，長時間工作不息。她擅長管理是無庸置疑的，但最重要、最難得的是她與學生的密切關係。她對每個學生手上的工作都瞭如指掌，對所有的細節也總是興味盎然。

在實驗室裡，她那通常冷峻而略顯悲傷的臉會變得容光煥發，常帶微笑，甚至會像個少年人般開心的笑出聲來。每個學生都不時會驚訝於她知識之廣博、思慮之澄明，因為她總能直指問題的本源，再複雜的問題也難她不倒。

瑪麗每晚回到家都是筋疲力竭。在家裡，她雖溫和，卻也很自抑。她不哭，可也不很快活。要到很多年以後，女兒都長大了，她才能向女兒們談及白天的工作。

皮耶在世的時候，瑪麗的夢想可說是實現了：感情生活、知性生活和所有需要照顧到的情緒，都得到滿足。她曾經擁有美滿人生。而現在，她卻像一塊岩石，被溪水分割成兩半。

皮耶死後，瑪麗遷離凱勒曼大道，搬到索鎮，仍與皮耶的父親、兩個女兒同住。另外有位布洛妮亞派來的波蘭婦人代她管家。她對如何教養子女早有定見，而且這見解在當時是石破天驚的。首要原則是要孩子住在鄉間，遠離都市的惡濁空氣，以保身體健康。其次要孩子風雨無阻的在室外活動：騎腳踏車、盪秋千、跳繩，為的是鍛鍊體魄。他們還要學各種手工藝，因為人人都該學會靈活運用雙手。最後，他們應及早接受科學訓練。

要不要上學呢？「我有時覺得，」瑪麗在給姊姊海拉的信上說：「與其把孩子們關進現在那些學校裡，倒不如把他們淹死的好。」這想法與她公公一致。

瑪麗於是想辦法說服幾位朋友，如佩蘭夫婦、朗之萬和漢學家沙畹（Édouard Chavannes）夫婦，設計另一種學習方式，讓這幾家的十幾個孩子不必到學校去浪費時間。方法很簡單：每天只上一堂課，絕不多教。教師都是索邦和法國大學的教授：佩蘭、朗之萬和瑪麗合教化學、數學和物理學；穆頓（Henri Mouton）與雕塑家梅格洛教自然科學、繪畫與陶塑；佩蘭太太亨麗埃和沙畹太太負責法文、文學、歷史課，並帶孩子們參觀羅浮宮。

這間小小私塾設立的消息傳出之後，有些人很不以為然。一位報紙閒話專欄的作者撰文批評道：「這群孩子事實上讀和寫都還不大會，卻得到絕對的自由去做實驗、裝置儀器、測試化學反應……，該慶幸他們的房子沒給炸毀，不過這事情是極可能發生的！」

但是從孩子們後來的回憶中看來，這場教學實驗是成功的。實驗歷時兩年，過後孩子們回歸一般學生的行列。瑪麗顯然對公立學校沒有好感，她把伊雷娜和夏芙都送進私立學校。

瑪麗盡其所能的教導女兒，磨練她們，教她們各種各類的知識，並因材施教發展各人獨特的資質。以伊雷娜來說，瑪麗從不勉強她見人要打招呼；而夏芙喜歡討每個人的歡心，瑪麗也從未因此斥責她。

兩個女兒都學會多種外語，又會烹飪、滑雪、縫紉、騎馬和彈鋼琴。數學方面的課業，瑪麗督促甚嚴，道德操守更是毫不放鬆。她把兩個女兒教導成獨立自主的年輕人，知道生活的責任要自己承擔，也很樂意為此奮鬥。這在當時又是與眾不同的，就像容許十一歲以上的孩子單獨外出一樣，違反一般人的觀念。她雖保護女兒，卻不壓縮她們；愛女兒，但不窒息她們。她對待兩人無分軒輊。夏芙告訴母親，自己不想研讀物理或醫學或其他任何一種科學，但是也不太確定自己究竟要學什麼。瑪麗雖然自幼看重科學，卻也全無責備夏芙之意。

瑪麗從沒有忽視女兒身體上的任何一點輕微病痛（例如一個蛀牙洞），也從沒有忘記誰的生日。如果說她陪伴孩子的時間不多，那是因為她實在沒有時間。也許她看起來有點冷淡，但那是因為她不知道如何表達溫情。也許在假日裡她多半忙著做方程式計算而甚少親吻女兒，那是因為她小的時候大人從不容許她親吻母親。

瑪麗從不向女兒談起她們的父親，連名字都不准提起。揭開傷口容易流血，而她不願在孩子或任何人面前流血。她的原則是閉口不提，才能控制住自己。這當然讓人不易了解她。

一九一〇年二月，八十二高齡的居禮醫生因肺炎去世。出殯那天，瑪麗把皮耶的棺木放在他父親的棺木之上，預想將來有一天要與皮耶在此重聚。居禮醫生，這至死不悔的理性主義者，生前從不踏入墳場一步，現在也不能再告訴瑪麗，那木頭箱子裡只有一把無關緊要的骨頭，其他的什麼也沒有。她並不特別顯得哀戚，因為哀戚已經在她的心裡生了根。

後半年，有一晚佩蘭在家請客，博雷爾太太瑪格麗特看見瑪麗穿一襲白色衣衫而來，腰帶上還別上一朵玫瑰，看起來顯得年輕，瑪麗好久以來都沒這麼鮮亮。瑪格麗特心裡想：瑪麗終於又開始生活了。

第十五章

二十八票投給居禮夫人，二十九票支持布朗利（Édouard Branly），一票給布里元（Marcel Brillouin）。

一九一一年一月二十三日，法蘭西國家研究院投票推選繼任物理學家蓋內茲的院士人選。投票的大廳裡喧鬧異常，有一個人受不了那悶熱而昏倒。「我們要再投一次票，」會議主席在喧囂中宣布。

兩個月來，報紙大作文章，把一場學院選舉炒得空前熱鬧。結果是大眾都等著看科學院的大門會不會為一位女性而開。法蘭西國家研究院下含五個分量不同的學院：法蘭西學院、科學院、文學院、美術學院和政治科學院。瑪麗想要加入科學院，是因為這是她唯一尚未以第一位女性身分獲得的榮耀，還是龐加萊、李普曼、包提等人勸說的結果呢？

瑪麗剛剛發表了一本內容完備的著作《論輻射》。據拉塞福說，學術價值很高。拉塞福寫信給包特伍說：「讀她的書，我不禁覺得像是重讀我自己寫過的東西，只不過添加了一些近幾年新做的研究……。看到她聲稱法國科學領先，或是她或她丈夫率先如何如何，頗覺好笑。但是我看得出這可憐的人下的工夫多深……。」話雖如此，國際科學界和拉塞福自己都發表了讚譽此書的文章。

瑪麗習於接受同僚的肯定，全不懷疑自己會當選。但這次她太有把握了。她並非不夠資格，也非才華不足——這兩樣她都綽綽有餘，反而是科學院那幫人大都是些平庸之輩。瑪麗很知道那幫人的做事方法，才能之士往往不能獲選，但是她和朋友都以為，以她的獨特出眾，當選應無問題。剛開始時他們的看法似乎是正確的。

一九一〇年十一月十六日，《費加洛報》首先宣布瑪麗有意加入科學院。這份發行全國，銷量超過四百萬份（全法國人口為三千一百萬）的日報，隨即大事報導此事。「除了盛名之外，她既高貴，又美麗，無懈可擊。就連她身上散發出來的那股深沉的悲哀，也無損於她純潔而完美的形象。」《費加洛報》以三欄篇幅，刊出這篇署名報導。

《費加洛報》的發行量也許不算太大，在很多方面卻是一份領導潮流的報紙。它的讀者群教育程度較高，品味不凡。

新創刊的《求精報》（*L'Excelsior*）則以頭版全版刊出瑪麗的放大照片，旁邊附上她的字跡，和對她字跡的分析。《堅持報》（*L'Intransigeant*）則要求讀者列舉最有資格登上國家研究院殿堂的女性名單。女作家科萊特（Sidonie-Gabrielle Colette）名列榜首，但也有很多人推舉瑪麗。就連讀者僅限男性的《時代報》（*Le Temps*），也於十二月二日刊出頌讚瑪麗的文章。

瑪麗致函《時代報》總編輯，一方面證實自己有意參選，一方面要求此後勿再刊出相關報導和評論。她也寫信給《求精報》說：「有關我候選研究院院士的消息是正確的，但是由於研究院的選舉一向不作公開討論，此例若因我而破，我會心有不安。」報紙沉寂了一段時間，瑪麗幾乎以為她可以像在科學會議上擺平紛爭那樣，教導新聞界怎麼做事。

一直到那年年底，新聞界都在忙著處理其他新聞：塞納河的水位升高、作家托爾斯泰去世、白里安出任總理、第一輛勞斯萊斯汽車公開展示、「墮胎」被視為全國性的犯罪，新聞界群起圍攻。

至於研究院人士，在初期的震驚過去之後，他們平靜下來，開始反擊。女人不得跨入這神聖的領域，即使是居禮夫人也不可以。曾經與皮耶．居禮競逐院士資格的阿馬加（Émile Amagat）就負責阻止這件事。

數學家達布（Gaston Darboux）是科學院的常任祕書，他的觀點不同。「女性？」他說：「有何不可？」他還利用《時代報》為他開闢的「公開論壇」，於十二月三十一日發表了一篇文章，引經據典的說明科學家若能加入研究院，可以得到研究方面的那些便利，以及對居禮實驗室的好處。

一月四日，法蘭西國家研究院召集所屬五個學院，討論基本章程。《費加洛報》記者描述一百五十名院士到場的情景說：「滿臉皺紋的老紳士，手裡拿著灰色的手帕進來，看膀上全是頭皮屑，細瘦的腿上裹著起皺的褲管。他們讓人既好笑又可憐，固然有些傑出人士，但更多人老朽不堪。他們來此聚會，要討論是否容許一個女子加入他們的行列。」

令人驚訝：大多數人投票表示贊成。第二天，科學院普通物理組依例提出候選名單：布里元、瑪麗·居禮和布朗利。布里元雖是出色的物理學家，但在這場競爭中全無希望。布朗利的出馬競選，則充分顯示反對瑪麗的人政治手腕甚高。六十六歲的布朗利已經落選兩次，他是無線電報檢波器的發明人，為人溫和、端正，但他的重要發明，並未給他帶來應有的名利。

發明無線電報的功勞，給改良檢波器的義大利人馬可尼拿去，而獲頒諾貝爾獎。布朗利的科學地位，在法國以外的地區沒有受到太多的重視，不過天主教教宗利奧八世曾任命他為「聖格列高利令署理」（Commander of the Order of Saint Gregory the Great）。他不在巴黎大學教書，卻在天主教修會任教。這樣的一位人士參選，立刻激起一般人的愛國情操，大家都想看看這次他又將與誰角逐。

一月十日，《堅持報》開始為文攻擊瑪麗，其他報紙也迅速加入戰線。他們質問：這個姓居禮的女子到底有什麼豐功偉績，竟敢與布朗利競爭院士榮銜？她是從波蘭來到法國，嫁給了皮耶·居禮——諾貝爾獎的一切榮譽應歸諸於皮耶而非她。

她是外國人。談到她在大學裡的授課（自從她宣布候選院士以來，每次上課都受到學生鼓掌歡迎），她總是談論自稱發現「親愛的鐳」，學生都厭膩死了。她的本姓究竟是什麼？斯克洛道斯卡？多難聽呀。她是天主教徒嗎？據說是的，可是幾時皈依的？她有沒有一丁半點的猶太血統？

《自由派》報紙形容這場院士選舉為「兩性之間的戰爭」，其實它代表法國的兩個面向。瑪麗過去熟知的只是周圍友人表現出來的其中一個面向。瑪麗低估了自己在另一群人心中激起的厭惡之情，這一點，她也是至死不改。

瑪麗花了兩週時間，去拜訪依慣例要拜訪的院士共五十八人。布朗利也是一樣。一月二十三日，星期一，是投票日，研究院門口擠滿好奇的人群，參加會議的人其實也無心細聽議程。終於等到鐘鳴四點，例常會議開完，選舉開始。

「有興趣旁觀的人都可以進來，只除了女人不許！」會議主席向會場工作人員下令。

新聞記者和攝影師擠滿大廳，情緒達到高潮。工作人員忙著給大家斟咖啡、主席則力圖維持會場秩序。有人大叫他看到達布偷偷拿一張選票給另一院士拉道，頓時引起一陣喧嘩。這倒霉的拉道原是個盲人，拉道解釋說他支持瑪麗，鄰座院士卻不斷為布朗利拉票，他自己看不見，只好請科學院常任祕書達布給一張支持他心目中人選的票。唱票之時，大廳裡喧鬧不止。接著主席宣布結果，並說還得再投一次票決勝負。

在鎂粉燃燒的煙霧之中，兩位候選人的堅定支持者作最後一次拉票活動。一張已經摺好準備投入票匭的票，在最後一刻換成了另外一張。

下午五點，記者們衝出研究院大門。謎底揭曉：居禮夫人落敗。她仍獲二十八票，布朗利則獲三十票。在實驗室裡等消息的她，從電話中得知結果。她什麼也沒說，離開辦公室，去看她的工作夥伴。他們原準備好一場盛宴為她慶祝，這時匆匆散去。而在研究院，院士們卻很高興。龐加萊還是很有風度的與敵對陣營的人握手，那些人則圍在阿馬加身邊，慶賀他籌劃布朗利的選戰成功。

研究院聲名毫未受損。次月又有一位院士去世而需要補選，瑪麗若再度出馬，很可以當選，便不致等到六十八年後，才有女性進入研究院。但是她再也不願提起此事，再也不曾申請任何席位或榮譽。不僅如此，她也再沒有把自己的研究計畫提交科學院會議討論。

同年（一九一一）底，瑞典學院決定頒贈諾貝爾化學獎給瑪麗。這次她是獨得此獎，可惜消息傳來之際，她正陷於一場風暴中，相形之下，學界的毀譽不值一提。也由於這場風暴，法國民眾不再視居禮夫人為可敬的女性。

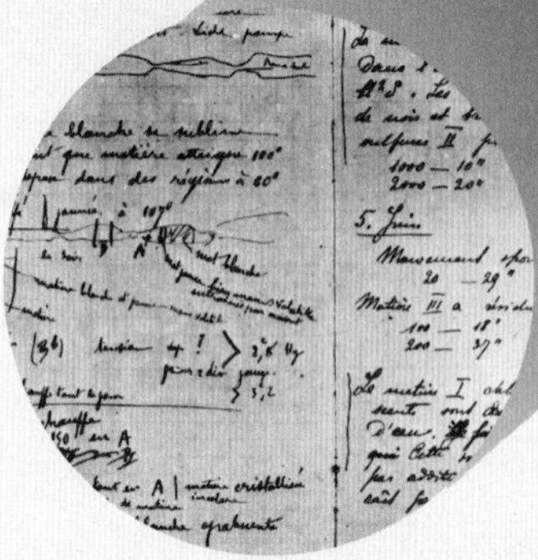

第四部 醜聞

瑪麗不再有「私生活」，
但這是她自己一手毀去的，無損於她的驕傲。

第十六章

一九一四年三月裡的一天，一位衣飾華貴，名叫恆麗．凱勞的女子，走進《費加洛報》主編的辦公室，袖筒裡掏出一支左輪手槍，向主編卡麥特連發六槍，殺死了他。

原來《費加洛報》不久以前開始刊登這位年輕女子與丈夫喬瑟．凱勞之間的往來信函。凱勞曾任國民議會議長，現仍任眾議員，一般相信下次改選他很可能當選連任。這宗謀殺案，不過是持續不斷的政治鬥爭中，一段特別骯髒的插曲罷了。《費加洛報》刊出的信件，是凱勞的前妻提供的，透露出恆麗在嫁給這位議員之前，早已是他的情婦。

恆麗在法庭上為自己辯解說：「我可憐的父親常常告訴我，女子有了情人便失去名譽。」恆麗後來獲得開釋。要了解所謂「朗之萬事件」於一九一一年秋天爆發時的社會氣氛，可以拿凱勞事件做個參考。

二十世紀初，法國的中產階級與其說是清心寡欲，不如說是裝模作樣。巴黎每天平均有三十九件通姦案告進官裡；墮胎案多不勝數，一九一〇年《晨報》還因此發起運動，限制通俗報紙刊登助產士代為墮胎的分類廣告。每一百個新生兒中就有二十四個是私生子

男女相遇，不論是在什麼場所、何種情境，總是有可能墜入情網、發生關係，

然後又分手。可是在玩這古老遊戲的時候，卻只有女性冒著失去名譽的風險——名譽是她們唯一擁有的事物。尤其在十九世紀，社會上把家庭的價值看得很重，又認為女性天生有出軌傾向，頭腦也不清楚，萬萬不可信賴，最好是關在籠子裡。

法國當時的民法和社會法便有相關條文。社會法還為女性樹立新的典範。在此之前，女性原本有幾種迥然不同的類型：中世紀女性是憑感覺行事的快活女子；才女型的知識女性喜歡被人簇擁追求；至於放蕩型的女玩家，從不真心愛上誰。現在社會法鼓吹的女性典範全然不似以上任何一種，它要求女性自願作婚姻祭壇上的犧牲品。大部分的女性也都照做，因為聰明的丈夫即使能夠，也不會去喚醒妻子的知覺。否則麻煩可大了！

做丈夫的一旦確定自己的家固若金湯，便會向外尋找愛情或愛情的替代品。這就是某些社會學家美其名曰「怡情之性」（recreational sex）的行為。不論是露水姻緣或是金屋藏嬌，一時的迷戀或是真正的愛情，這些婚外情都必須嚴守機密。至於那些做妻子的，則互相監視。

這一切，瑪麗．居禮和保羅．朗之萬都沒放在心上。他們相識有十年之久，協力合作、互相諮詢。皮耶死後，朗之萬曾幫著瑪麗準備她在索邦的第一堂課；而朗之萬接替她在塞夫爾的教書工作時，她也曾幫忙準備教材。他們之間的親密友好沒有不可告人之處。瑪格麗特．博雷爾那雙見多識廣的眼睛，確實曾在瑪麗身上偵測到某種定義不明的光與熱，但那只引起了她的好奇心，並未因此而讓她對瑪麗起反感。

倒是瑪格麗特自己野心勃勃的想要拓展友誼：她已經是佩蘭和另幾位男士唯一的心腹，他們喜歡在一天終了之際來到她家，在她的小畫室裡與這美麗的小婦人聊天，而她也總是願意傾聽。博雷爾夫婦現在住在烏爾姆路一間公寓裡，是擔任師範學校科學部主任的宿舍。朗之萬愈來愈常在此出現，來要一杯茶喝，傾訴自己的不快樂，遲遲不肯回自己的家。

早年靠獎學金唸書的朗之萬，現在是法蘭西學院的教授，在科學界名聲卓著。他是物理學家，但數學造詣連數學家也嘆服。寫完博士論文之後，他受皮耶．居禮實驗工作的啟發，在量子理論建立之前，便已發展出完整的逆磁性與順磁性現象理論。他那時即已提出假設，認為有某種只能以量子運動證明其存在的現象。

一九〇六年，他得出 $E = mc^2$ 的結論，他的朋友鮑爾（Edmond Bauer）告訴他，有個「名叫愛因斯坦」的人也在做同樣的研究。一九一一年，他在波隆那國際哲學會議上作了一場精采的演說，談相對論如何推翻舊有的時空概念。簡言之，朗之萬是個人物。可是對於他在二十二歲上娶的妻子而言，他的工作神祕難解。妻子和他一樣出身工人家庭，結婚時幫著母親經營一家小雜貨店。

更不幸的是朗之萬為人慷慨、用錢無度。她則奮力養大四個孩子，一文錢也不敢亂花。民營企業願出高薪聘朗之萬任職，她便極力攛掇丈夫接受，辭掉大學的教書工作：「你可以賺四倍多的錢，」她說了又說。錢的問題的確是朗之萬的大煩惱，但他覺得這是為科學而犧牲，須得忍受；他的妻子卻認為這是他自我本位、不負責任，要妻兒犧牲。當他們口角之時，同住的岳母大人也在旁冷言冷語，這情況與很多家庭殊無二致。

佩蘭擁有一個既迷人又能縱容他的妻子，博雷爾與妻子的關係雖特別，倒也融洽相處了半世紀，他們二人都很同情朗之萬的處境，眼看他日益神經緊張，深感憂慮，常常帶他去看戲、吃飯，讓他散心。佩蘭夫婦是瑪麗的密友，清楚知道她與朗之萬之間知性的親近已經演變成愛情。博雷爾夫婦無疑也感覺到了。

一九一〇年七月，朗之萬在巴黎租下一間小公寓，後來成為他們約會之所，那時瑪麗很可能已經決心勸朗之萬離開妻子。很難想像她如何能長久忍耐與朗之萬的妻子處於競爭的地位。不論如何，朗之萬與妻子的科學與錢財之爭，給了瑪麗最佳藉口——如果她需要藉口的話——慫恿朗之萬脫離婚姻的影響。

一次瑪麗與博雷爾夫婦一同出席在熱那亞舉行的會議，晚上她請瑪格麗特到自己房間來。瑪麗蜷縮在床上，談起朗之萬。她說她擔心朗之萬在浪費自己：「他本是個天才！」瑪麗抓起瑪格麗特的雙手，求她：「我們一定得救救他。他很軟弱，你和我則個性堅強。他需要了解，需要溫柔與熱情。」

溫柔與熱情？事情很明顯，瑪麗從未像愛朗之萬這樣的愛過皮耶。與朗之萬的關係和她與皮耶的關係不同。與皮耶在一起，溫暖而平靜，很確定她是唯一的、不可替代的，被她溫柔的伴侶捧在手掌心的親愛的小姑娘。與朗之萬在一起則是強烈、熱烈如暴風雨的感覺，時而與那不可信靠的男子發生爭執，提出最後通牒。

另外有一次，是德比埃爾內去找瑪格麗特，求她去和朗之萬談談。談什麼呢？請朗之萬別再「以他的幻滅來折磨瑪麗」。德比埃爾內說：「他讓瑪麗憂慮，看他這麼消沉，瑪麗受不了。」

「你要我怎麼辦呢？」瑪格麗特問：「他也到我這兒來向我訴苦呀。」

「向你訴苦沒那麼危險，」德比埃爾內回答。

有人說，朗之萬曾與德比埃爾內大吵了一架。

一九一一年八月，朗之萬帶著兩個兒子去英國，瑪麗則和兩個女兒回波蘭度假。朗之萬的妻子珍向法院訴請分居。

六十年後，朗之萬的長子安德瑞為他的父親寫傳記，平心靜氣的談到此事：

「皮耶．居禮去世幾年之後，這份（與瑪麗的）友誼，由於相互的傾慕而逐漸演變成愛情，不是一件很自然的事嗎？……我們的家，到那時為止是毀了。父親和母親分居，直到第一次世界大戰發生。」若是這份愛情僅止於此，那就別無可說了。

一九一一年十月二十九日，索爾維會議在布魯塞爾召開。這年，首創國際物理學會的比利時工業家索爾維，首次將當代大科學家齊聚一堂。這場盛會留下一張著名的照片，照片裡，瑪麗坐在龐加萊和佩蘭中間，站在她後面的有愛因斯坦、朗之萬、拉塞福、沃斯、普朗克、德布羅意、布里元、索末菲、能斯特、勞侖茲等等。物理學界菁英盡在於斯，那當朝女皇和正要推翻她的男子也在場。

關於這次會議，愛因斯坦寫信向一位朋友描述：

> 勞侖茲當主席，表現出無比的幹練與品味……。整體來說，龐加萊（對相對論）就是有敵意。
>
> 普朗克發表論文時，好幾次被顯然有偏見的人打斷……，但沒人真正了解他說些什麼。整個物理學界有一種讓惡毒的詭辯家心喜的氣氛。

會議後，瑪麗曾寫了一篇文章，對愛因斯坦的研究表示支持：

我很敬仰愛因斯坦先生發表的研究成果。他所談論的問題，是與現代理論物理學有關的。……

……他的成就絕對是第一流的。……

再想到愛因斯坦先生還這麼年輕，我們有理由對他寄以最高的期望，視他為未來頂尖的理論家。

那年瑪麗四十三歲，恰處於老一輩與年輕一輩物理學家中間的位置。也許是受小她四歲的朗之萬影響，她才會那麼早開始研究現代物理學。

正當索爾維會議在布魯塞爾召開之時，巴黎《新聞報》（日銷七十五萬份）的讀者在十一月四日的第一版上看到一則兩欄的新聞，標題是：

愛情故事
居禮夫人與朗之萬教授

文章開頭說：「鐳之火神祕的溫暖了周遭的每一個人，更點燃了不屈不撓研究其特性的科學家心中的火焰。至於其中一位科學家的妻子兒女，則以淚洗面。」

接下來是一篇訪問記，記者豪瑟自稱走訪過朗之萬的岳母：

「巴黎流傳著一種難以置信的傳說，」我說：「說是朗之萬教授因為居禮夫人的緣故而離棄家人。我來這裡向你求證此事。」

朗之萬夫人的母親盯著我看了一會兒，才放下手裡抱著的孩子，說：「怎麼，他們已經知道了？」

「你是說這是真的？」

「真想不到，是不是？皮耶・居禮的遺孀，共同發現鐳的大科學家，索邦大學的教授，差一點入選法蘭西研究院院士，那麼鼎鼎大名的瑪麗・居禮，偷了女兒的丈夫，我外孫的父親……朗之萬原是居禮先生的學生，老師去世後，他為師母效勞，幫助她工作，卻慢慢的在居禮夫人身邊的時間比在家還多。很快的──女人的直覺從來不錯──我女兒就猜到出了什麼事。然後有一天，她什麼都知道了。哦！那陣子多可怕！……」

「終於在三個月前的一天早上，朗之萬帶著孩子走了。」

「也帶著居禮夫人。」

「我不知道。但是有一件事是確定的：她也在同時離開巴黎。我女兒至少要把孩子討回來。她告到法院，判決說父母雙方輪流照顧那些小可憐，只除了這個小女孩，她才兩歲，留在我們這裡。」

「你知道朗之萬先生現在在哪兒嗎？」

「我們不知道。幾天以前他說要取他的書，我們給他裝好箱了，就在這兒。還沒有人來取。」

「朗之萬夫人已經訴請離婚了嗎？」

「沒有……，她還是希望丈夫回心轉意，家庭復合。你知道，有孩子——六個孩子——的人是不願意太決絕的。」

「可是如果朗之萬先生不回頭呢？」

「那麼，我們再看吧。……我們還沒決定。」

「聽說你握有居禮夫人寫的信？」

「哦，你連這個也聽說了?·是啊，我們是掌握了一些信，恰可證實我們的猜測：我們原先就知道，只是沒法證實的事。」

朗之萬夫人的母親低頭沉思，我打斷她的思路，說：「真難以置信！」

「是啊，」她附合說：「真難以置信。」

我想知道居禮夫人和朗之萬先生對這個悲慘的故事有何看法；我希望能聽到他

們對我大吼：「錯了，他們弄錯了，他們對你說的沒一個字是真的。」但是我找不到居禮夫人，也沒有人知道朗之萬先生的行蹤。

相當膚淺的一篇文章。豪瑟慷慨的多給朗之萬兩個小孩，不過我們得承認他的消息相當靈通。

這篇報導的目的是討好讀者與報社老闆費南德．蕭。蕭是第一個把讀者定位在社會婦女，因而大賺其錢的報社老闆。

十一月四日，《新聞報》刊出這篇報導的當天，別家報紙開始考慮如何處理此事。他們派出記者分訪法蘭西學院、居禮實驗室和博雷爾家，想找居禮夫人和朗之萬，最後發現兩人都在布魯塞爾出席會議，於是通知了駐地記者。

「這是恥辱！」瑪麗說。

朗之萬承認他離開妻子，但解釋說他如此做是為了「避開她無理的猜妒」。

佩蘭與龐加萊宣稱他們對別人加諸其同僚與友人的「訕謗感到氣憤」。

瑪麗交給《時代報》記者一份親筆聲明，否認自己是「出奔」，並說那「純屬瘋狂」的謠言不值一談。十一月五日，一向偏愛瑪麗的《時代報》在內頁刊出瑪麗的聲明。同一天，各報都刊出兩造說法，並稱「若非此事已引起轟動，他們不會多談這兩位重要人物的私事」。

但與《新聞報》競爭同一市場的《新聞小報》（日銷八十五萬份）找到了朗之萬夫人，而於十一月五日頭版刊出兩欄報導：

實驗室傳奇

居禮夫人與朗之萬先生的戀情

《新聞小報》先說兩人並未出奔，接著刊出珍．朗之萬的訪問談話。她說自己並不知道報紙報導此事，也不主張此事公開，因為對她造成傷害。記者問她何以要求分居，她流下淚來，並且（據報導）說：

我知道三年來我的丈夫與居禮夫人有著非法關係，不過我是得到實質證據才確定的。這些證據我保留著，以備法庭上用，是十八個月前拿到的。我若是人家形容的那種愚蠢、善妒、瘋狂的女人，那時我就會大事張揚，告訴每一個人，我的丈夫怎樣背棄了我，那個女人怎樣毀了我的家。可是我什麼也沒說，因為我為人母、為人妻，有義務為丈夫掩飾過錯。因此我等待，希望破鏡重圓，希望丈夫恢復理智。若不是今年七月二十五日發生一件重大事件，則我雖明知別人怎樣嘲笑我、討厭我，仍會耽於這可怕的處境更久。

她談及那天她和丈夫如何為了一盤做壞了的蜜漬水果而激烈爭吵，朗之萬動手打她，然後帶著兩個兒子走了，沒有再回來。她委任的律師已發出傳票。

珍．朗之萬又說，兩週後，她曾努力透過她和朗之萬雙方的律師修好：「只要我的丈夫回家，我願交出我的武器——他與居禮夫人有染的證據。但他們拒絕了我的建議。」

在文章結尾，《新聞小報》附刊一段「在布魯塞爾」的消息，採用新聞通訊社的電訊稿說：「我們將有關的謠傳告訴居禮夫人和朗之萬先生，他們憤而抗議。」

在討論量子之餘，與會人士耳語頻繁。「全是胡說八道，」拉塞福說。但是瑪麗沒有出席閉幕會議，留下一張紙條給拉塞福，感謝他的好意，瞞過記者的耳目，返回巴黎。

十一月六日，《堅持報》加入合奏，刊出一封「致物理學家X先生的公開信」，信末寫道：「一度為你心腹密友的女人，現在顯然已是你的情婦。」

這次瑪麗反應強烈。《時代報》刊出她的反擊：「報紙和大眾十分可惡的侵入我的私生活……。為此我要採取強力行動，不許再刊登有關我的資料。我並且有權要求大筆金額的賠償，這筆錢我要用在科學上。」

第一個吹皺一池春水的《新聞報》記者豪瑟向她致歉，道歉信送交《時代報》：「夫人，我滿心悔恨，向您致上最謙卑的歉意。當我寫那篇文章時，是根據各方提供給我的消息。我錯了。我的職業狂熱不知怎的引我犯下這可憎的惡行。現在我只希望像我一樣卑微的新聞記者，再不要以他的筆玷汙您的光輝和別人對您的尊敬。苦惱萬分的　豪瑟敬上。」

次日，十一月七日，瑪麗接到一封電報：「你獲頒諾貝爾化學獎。信函隨至。奧里維留上。」

這是諾貝爾獎史上獨特的事例：瑪麗．居禮兩次獲獎。這是難能可貴的殊榮，也是對法國科學界無上的讚譽！（注）

那天，瑪麗也許覺得驕傲。她可能也曾希望二獲諾貝爾獎的消息傳開，會讓醜

注：截至一九八六年，除了美國物理學家巴丁（John Bardeen）先於一九五六年因開發鍺電晶體而與人共得諾貝爾物理獎，復於一九七二年以超導理論再度得獎外，瑪麗．居禮是唯一以科學成就兩度獲諾貝爾獎者。

聞案消失於無形。但她心裡明白，朗之萬夫人所稱的證據確實存在，那是瑪麗所寫的幾封信，遭朗之萬的妻兄自朗之萬的辦公室抽屜中盜去。當時朗之萬的律師彭加利還由瑪麗、佩蘭及博雷爾陪同，去向警察局報案，領得查封這些信件的許可。

彭加利也是巴黎報業聯盟的律師，聯盟理事長杜培打電話給巴黎各大報紙的主編，請他們勿再刊登居禮與朗之萬事件的報導。他提到諾貝爾獎，暗示這對法國是多大的榮譽。主要報紙便都靜默下來。

可是還有些小報，是杜培忽視掉或是認為不重要的。例如《法蘭西行動報》和《自由報》。它們刊登的文章說明了這一夥人可是劍拔弩張的。《自由報》在頭版刊出五十行的報導，標題是「居禮夫人還能續任索邦的教授嗎？」不難想像文章的內容。先提到朗之萬夫人準備於十二月七日向第九懲治庭控告她的丈夫與居禮夫人通姦，作者接著寫道：

審訊中要提出的證據，對居禮夫人非常不利。有一些她寫的信，一旦公布會把大家嚇呆。信一定會公布，因為在法庭中會公開宣讀。

按例，若事件僅涉及私人生活，我們不會多言。但此事不同，居禮夫人在公立學校教書，大家因此有權利表示意見，她的學生和學生家長也有權知道這位老師是否值得尊敬。

據我們所知，瑪麗沒有告訴任何人這兩週她是怎麼過的。她有沒有和朗之萬在一起？他們倆是否並肩作戰？看來並沒有。也許是律師勸她謹慎。她有沒有責怪朗之萬太不小心？畢竟他不該把情婦的信隨便放在屋裡。但瑪麗不是那種女人，不會要別人為她的行為負責。瑪麗有沒有閃過這樣的念頭：朗之萬終於能有與她共同生活的自由了？不管怎樣，我們能確定的是，她十分煩惱自己在此事件中的形象。真正受傷的是瑪麗的自尊。尤其是後來她的住處遭到攻擊，她因此終生不願再提起此事。

她閉門不出，門外總有人群聚集。偶爾還會有石子打在窗板上，有人呼叫：「滾出來，外國佬！」或是「偷夫賊！」

十一月二十三日，《作品報》忽然印發一本紅色小冊子，封面印著：

朗之萬與居禮醜聞案的實情

——給一位母親

泰瑞作

泰瑞是《作品報》的總編輯，他後來在報界聲譽鵲起。《作品報》自一九一五年起每日出刊，成為很有影響力的報紙。它的廣告詞是：「《作品報》不是給笨蛋看的。」

泰瑞當然不是笨蛋，他更糟，是個尖酸刻薄的人。他與朗之萬同樣畢業於師範學校，兩人在校時是至交好友。他原擔任哲學教授，不怎麼得意，一年前辭職創辦報紙，在報紙上鼓吹無恥的排外理論及反猶太論調。當然，這也是符合當時社會氣氛的。

矮小、醜陋、受胃疾之苦的泰瑞，是個令人作嘔的厭物。但是不可否認，他頗有才華。

他的小書以一段對話開始：

「想想看，若非這倒楣的學生從波蘭前來，發現了鐳，法國恐怕就沒有科學可言。想起來真讓人悚然。……竟然還有少數愛國份子愚蠢的視外國人的入侵為國家之大難。不過我們這裡談到的只是一個女人的名譽，所以報紙應該閉上尊口。」

「一個女人？我以為是兩個。」

只有一個是重要的。你一定在所有的報紙上都讀到了：朗之萬太太是個小傻瓜，沒資格擁有她的丈夫，她又像個工廠的小女工一樣善妒。」

「居禮夫人在信裡稱朗之萬為你（譯注：tu，當時法國人對彼此的暱稱。），我想不會有人就這點做文章吧？她真的這麼喊。當然了，是以朋友的語氣。人人知道這是實驗室裡的習慣。」

「對不起，我倒不知道索邦大學的人都互相稱你，就像在國會和在監獄裡一樣。當然了，要是居禮夫人和朗之萬只是在實驗室裡見面……。」

索邦會不會因此蒙羞？大學「與輻射現象無關」，泰瑞說。他在此大談尼采哲學對道德的破壞，接著說：

如果居禮夫人說：「我嘲笑你們的傳統和偏見；我是異鄉人，一個知識份子，擁有自由的靈魂……。別招惹我。」如果居禮夫人這麼說，我們就要回答：「這不是法國人的作風，不過可真大膽！」

一有機會便頌讚女性主義的那些女人，心態真是奇怪又矛盾呀！

居禮夫人刻意的，有條不紊的用科學般精確的方式離間朗之萬與他的妻子，又讓他的妻子離開子女。這一切，在居禮夫人的信裡有意無意的表露無遺。而這些信，現在是朗之萬夫人唯一的武器。

泰瑞是否準備刊布這些信件？「居禮夫人和那些勇於衛護她的人可以放心，我們不打算刊出這些信，倒不是出於對她的敬意，而是為了尊重我們的女性讀者。」話說得挺漂亮，接下來泰瑞還是刊出這些信。不過他耍了個花樣，刊出的是朗之萬太太的律師提出的訴狀，其中大量引述了信件內容。

這麼了解瑪麗之後，我們可以想像她讀到這本小冊子的心情。何況瑪麗當然知道每一個人都可能和自己同時讀到。訴狀是這麼開始的：

自一九一〇年七月起，保羅・朗之萬和居禮夫人每天都在那兒會面，有時一天還見上幾次（居禮夫人親自上街買東西，然後在那兒待到深夜）。朗之萬繼續向居禮夫人吐露他最私密的事情，徵求她的意見和指引。

為證明此言不虛，接下來又引述一些信件內容。瑪麗的信反映出她的性格：冷靜、明智、堅強、簡潔而熱情，不過這熱情是以最高雅的詞彙表達的。這些信件我們讀來也很有興味，因為透露出她不輕易顯露的一面。

首先，我們看到瑪麗是怎麼想的：「我們兩人極有緣分，只要有一小塊肥沃的土地，便能發展出來。過去我們有時也感覺到此點，可是直到我在悲嘆自己塑造的人生時，我倆面對面單獨相處，才充分體會到這一事實。那時你也才找到在你家裡完全找不到的感覺。」

請注意瑪麗說「自己塑造的人生」。只有她能「塑造」她自己的人生。

朗之萬此時無疑是在為子女而遲疑不決。他不能忍受與兒女分離：

「把我們倆拉合在一起的是一種強烈的本能。你覺不覺得，毀滅一份誠摯而深刻的感情，像是任憑自己珍愛的孩子死去一般？我們眼看著那份感情滋長，有時候毀掉它比失去孩子更加不幸，不是嗎？」

瑪麗顯然不怕寫下她的感情。她寫道：「萬事萬物，不都是從這樣的感情來的嗎？我認為這是我們所有一切的根源——和諧的工作關係、密切堅貞的友誼、生活的勇氣，甚至最美的愛情。」

接下來這一頁值得收入女性書信選集，最後一段更說明了瑪麗·居禮的個性：

你首先要做的是回到自己的臥室。我答應再不責難你，你可以相信我。我完全信任你的意向，可是我擔心發生無法預見的事情——例如對方號啕大哭，令你無可抗拒；或用詭計讓你再使她懷孕。如果她再懷孩子，我們就一定要分手了，因為我不能接受這份恥辱。你的妻子若明白這一點，一定會加以利用。所以我求你，別再睡在她的床上，不要讓我等太久。

恥辱！朗之萬在他的一生中曾再三證明他的勇氣，可是夾在兩個女人中間時，他顯然並不比別人更勇敢。

《作品報》刊登完訴狀之後加上按語：「居禮與朗之萬案預定十二月八日在第九庭審訊。我們會看到索邦的外國人對抗一個法國女人，一位法國母親、一個法國家庭。然而報業聯盟卻要求各報不要報導這樁醜聞。他們何不少管閒事？」

在美國，赫斯特報系旗下的一家報紙摘要刊出了《作品報》的報導，標題是：「居禮夫人陷入熱戀。對方的妻子？是個笨蛋，她說。」

佩蘭偕同德比埃爾內，早上九點手持《作品報》來到博雷爾家，博雷爾立刻遣他太太隨德比埃爾內去接瑪麗和孩子們過來。只要她需要保護，可以一直與他們同住在師範學校這裡。他們會騰出一間房給瑪麗。

任務立刻完成。瑪格麗特趕赴索鎮區，看到瑪麗對著報紙發楞。她和夏芙在好奇群眾圍觀之下，匆匆搭計程車離去，這次她沒有抗議。

伊雷娜當時在上體育課。德比埃爾內去接伊雷娜，發現她正全神貫注的在讀《作品報》，表情十分悲傷。她才十四歲。到了烏爾姆路博雷爾家之後，伊雷娜再也不肯離開母親。還是佩蘭的太太亨麗埃想辦法把她哄開。瑪麗則始終靜默不語，太太們把她帶進臥室。

正當佩蘭、德比埃爾內和博雷爾夫婦在商量怎麼辦時，電話響起。全巴黎的人那天早上都看到《作品報》了，瑪麗．居禮成為一般人避之唯恐不及的女人。

「我們與她站在一起，她和我們同住，」瑪格麗特．博雷爾對著話筒說：「對，就在學校這裡。」

教育部長史帝格立刻傳召博雷爾，告訴他，他無權在學校宿舍裡窩藏居禮夫人，玷辱學校名聲。如果他堅持這麼做，就要被撤職。

「好吧，」博雷爾回答：「我要堅持。」

「回去跟尊夫人商量商量吧，」部長建議。

此時，瑪格麗特也被她父親艾培叫回去。艾培仍然擔任索邦科學部主任。看到女兒時，他正在穿鞋。他大發雷霆，女兒女婿為什麼要蹚這灘渾水？頭腦都不清楚了嗎？部長非常生氣。這是一樁奇醜無比的醜聞。索邦大學遭到左右兩派夾擊。為了維持學校秩序，艾培已經決定撤銷瑪麗．居禮的教席。他勸瑪麗要為自己著想，辭職回波蘭去教書。

「如果你要她離開法國，我就再也不見你。」瑪格麗特回答。

她父親大怒，把手裡拿的一隻鞋向牆上砸去。

其實，類似的事情以前也在巴黎大學裡發生過。就在不久以前，有一位歷史教授誘拐一位高級官員的妻子。又有一位數學家的太太跟一位工藝技術學校的教授跑了。可是這些男人的行徑在一般人眼中不過是「男人本色」罷了。

一方面，博雷爾夫婦、佩蘭夫婦和德比埃爾內發動朋友重建瑪麗的地位；另一方面，《作品報》和其他鼓吹民族主義的報紙全力圍剿。「外國人」是不可饒恕的，連撞死皮耶的馬車夫現在都有話說：「他是故意往我的馬腳下鑽的！」他總得有理由吧？當然，那時候朗之萬和居禮夫人都在塞夫爾教書，這是人人都知道的。

那陣子大家還流行決鬥，為了洗刷恥辱或出風頭，他們真的幹。此風不易改，一直到第二次世界大戰以後，還有人決鬥呢。

有家雜誌的主編便因不滿《法蘭西行動報》抨擊瑪麗與朗之萬的語氣，與行動報主編以劍決鬥，「刺傷對方六公分深」。泰瑞又因這家雜誌批評他刊登瑪麗的信件，而向該雜誌總編輯挑戰，持劍互鬥。泰瑞稱朗之萬「懦夫」、「粗人」，又說他是「波蘭女人的下手」，朗之萬氣瘋了，跑到師範學校去叫博雷爾下樓來，說：「我決定找泰瑞決鬥。這是傻事，可是我非做不可。」

朗之萬接著去找助手，還帶著瑪格麗特一起去，以便必要時有一個溫柔的申訴對象。他找的每一個人都拒絕了，只有後來當上總理的數學家潘勒韋一口答應，還說服原本不肯的物理系主任哈勒同去。

這次決鬥十分可笑。十一月二十五日上午十點五十分，兩個決鬥對手身穿黑衣，頭戴常禮帽，在公園的圓環邊見面。他們隨帶了四名助手、兩位醫生，另外還有幾個記者，爬到旁邊的臺階頂上去看。助手們議定，決鬥用手槍，相距二十五步。

十一點整，朗之萬和泰瑞對面站好，潘勒韋開始計數：一、二、三……，朗之萬拔出手槍，泰瑞的手臂卻仍垂在身旁。朗之萬放下武器、又舉起、又放下。泰瑞不肯拔槍。朗之萬別無選擇，只好也不射擊。決鬥結束，助手拿走武器，對空鳴放。

泰瑞後來向讀者解釋說，他怕殺了朗之萬，會對朗之萬太太的訴訟不利。再說，他可不想「奪去法國科學界一顆寶貴的腦袋，不管這腦袋是自己可以思考，還是寧願藉助居禮夫人做為媒介」。

瑪麗整天與夏芙關在臥房裡不出，亨麗埃．佩蘭照料她的飲食，監視她，不讓她看報紙。布洛妮亞也和海拉、約瑟夫自波蘭趕來。瑪麗這次好像完全給擊垮了。若是法國不准她在此工作，她便要隨家人回去波蘭。瑪麗的兄姊都急著把她帶離這忘恩負義的法國，求她跟他們回去。

據瑪格麗特．博雷爾說，內閣會議中確實討論過是否逐出瑪麗的事。但是佩蘭和博雷爾在同僚間奔走遊說，瑪格麗特也在教授太太們身上下工夫，讓他們相信瑪麗實在是無辜的，大學校園裡總算平靜下來。索邦大學就此事上了一份報告。

幾天之後，開始有人對瑪麗表示同情。雅各．居禮致送慰問信，對瑪麗而言最為可貴。也有陌生人送來糖果和花，波蘭鋼琴家帕岱萊夫斯基來與她共進午餐。但她已經心灰意冷。

然而，在全然滅頂之前，瑪麗終於在她殘存的驕傲裡找到力量，振作起來。

十二月十日，全世界頂尖的科學家要在斯德哥爾摩聚會，參加諾貝爾獎頒獎典禮。從巴黎到瑞典，坐火車要四十八小時，而瑪麗身體虛弱。她得要撰寫一篇講稿，站在瑞典皇室、各國使節、其他科學家、新聞記者以及攝影師的面前發表。瑪麗必須忍受好奇群眾貪婪的目光、她知道這些人總愛圍觀緋聞的女主角，尤其是那男主角比她年輕的時候。可是瑪麗還是做到了。布洛妮亞陪著她去，伊雷娜也隨行——她特別要伊雷娜作伴。

六年前，就在這同一座大廳裡，瑪麗曾與其他女子共坐臺下，聽皮耶．居禮演講。現在輪到她來講了。瑪麗穿著鑲花邊的黑禮服，直直挺立，講詞字斟句酌。

上次瑪麗和皮耶．居禮、貝克勒共同得獎，是為「輻射性的發現」；這次得獎，是因「鐳的發現」。有些人，尤其是原本希望那年能得諾貝爾化學獎的人，認為其間區別甚微。包特伍便是其中之一，他也對朗之萬事件發表高見：「我就說嘛，她根本是個可惡的笨蛋！」

但是大多數的外國科學家看法國科學院如此對待瑪麗，都驚駭不已。他們很高興看到她因真才實學而受到獎勵。又因為過去這一年裡，法國人或明說、或暗諷，指瑪麗竊據丈夫的成果，這次她要為自己澄清。

瑪麗先向貝克勒、拉塞福分別點頭致意，然後說：「從普通理論的觀點而言，鐳特別重要。發現並分離此一物質的過程，有助於證明我先前所作的假設。根據我的假設……。」她又說：「分離鐳成為純結晶狀態的化學程序，是我發展出來的；也是我看出它是一種新元素。」她提到「我稱為放射性的物體」，並有意再三重複：「我使用……我進行……我發現……我取得……。」

但她也不忘皮耶的功績。「此一成果……與我倆過去合作的研究有密切關係。因此我要說，加諸我身上的此一獎譽，是我們共同努力的結果，也就是對皮耶·居禮的禮敬。我這樣說，相信是正確闡釋了科學院的想法吧。」

好了，事情做完了，她可以赴死了。這一次，她真的想死。

瑪麗筋疲力盡的回到巴黎。就在此時，《作品報》又刊出新的一期，封面標題是：

外國人入侵
在索邦
在中央學院
在巴斯德研究院
在醫學院
在每一個角落

內頁的文章這麼開頭：「外國人在索邦。實驗室大都被外國人侵占。女性人數持續增加，她們是來找丈夫的。……」

天主教樞機主教此時正舉行會議，討論聽懺悔的神父應對「下流報紙」的讀者採取什麼態度。所謂「下流報紙」是指「攻訐教會、破壞道德或傳揚反愛國精神者」。結論是神父應拒絕赦免這類報紙的忠實讀者，但也不必去找這些報紙股東的麻煩。《作品報》和其他類似刊物的讀者可不必擔心自己與神的關係有變。

瑪麗在巴黎貝松路租了一間公寓準備搬過去，但還沒搬成，十二月二十九日，她便給用擔架送進醫院。她的腹部劇痛，又發高燒。這病有多少是來自放射線影響，有多少是由於她求死的意願，誰也不知道。

醫生把所有的人都趕出房間，因為她的熱度仍在上升，需要充分休息。幾天之後有人告訴她，法院判決朗之萬夫婦分居。龐加萊很技巧的與對方達成協議：判決書中無一字提到居禮夫人。瑪麗最怕的就是官方文字記錄下她是「通姦共犯」。

當然了，醫生那天便發現瑪麗轉好一些。

佩蘭於是可以寫信向拉塞福報告：

> 熱度下降，居禮夫人不必馬上動手術了。我們本來一直很擔心這事，因為她的身體實在虛弱。
>
> 朗之萬和他妻子的分居判決書上沒有提到居禮夫人……，不過判定錯在朗之

萬這方（為了避免在審判中提到居禮夫人的名字，他沒有抗辯）。兩個男孩每天和朗之萬一起吃午飯。四個孩子都跟著媽媽住，只每兩週一次的星期四和星期天來跟朗之萬。男孩子從十九歲起改跟爸爸住。此外，他握有四個孩子的「知識發展監督權」。以上是判決條文（當然，還有給他太太的分居贍養費）。

現在，希望我們都能回去工作了！？……

佩蘭

（朗之萬很感謝你的友誼。居禮夫人也為你的態度感動。）

瑪麗有好幾個月的時間不能工作。實驗室交給德比埃爾內。私事也由他負責處理，緊急的事都跟他商議。一月底瑪麗出院時，站都站不住。瑪麗的腎嚴重受損，幽居在貝松路新租的公寓裡，靜待體力恢復，好動手術。

新的公寓很不錯，舊式拼花地板，長玻璃窗，四樓上可以眺望塞納河。不過也很不方便，沒有電梯，整棟建築又太大，到處都是走廊和樓梯間。瑪麗．居禮在那裡住了二十二年，既沒有鋪過一塊地毯、掛過一道窗簾，也沒有添置過一件家具，所用的全是居禮醫生留下來的，放在那過分寬敞的起居室裡，顯得十分寥落。室內布置向來非瑪麗所長，她對此全無感覺。

可是另一方面，國際鐳標準會議要在巴黎舉行，瑪麗又受不了自己正患重病不能參加。她設法讓會議延期，但不成功。拉塞福去看她，得知德比埃爾內「那明事理的人」將代表瑪麗出席會議，心中竊喜。拉塞福寫信給一位同僚說：「居禮夫人不在，我們也許能快些完成任務，因為她，你知道的，常會阻撓我們。」

情況確實棘手。奧地利物理學家麥爾（Stefan Meyer）提出自己的一套標準，若是瑪麗原先提出的那套標準與此不盡吻合，那麼兩者必有一為誤。拉塞福不敢想像瑪麗得知會怎麼說。委員會裁決既然瑪麗不在，當由德比埃爾內來比較兩者異同。妙極了，兩種標準完全一致。事後，居禮夫人很高興的接納了鐳標準。

動過手術，瑪麗隱居到巴黎近郊的布魯內去休養。布洛妮亞用自己的名義在那兒租了一座房子，地址嚴格保密。瑪麗寫信給伊雷娜時套兩個信封，經由德比埃爾內轉信。伊雷娜寫信給母親，則在信封上寫「斯克洛道斯卡女士收」。布魯內的商店老闆和郵差全不知情。瑪麗有充分理由隱姓埋名：報紙雖已不再大幅報導朗之萬事件，大家卻還記得。要等到世界大戰爆發，他們才逐漸淡忘。此刻瑪麗仍是街談巷議的目標。

避開閒言閒語可以理解，長期退隱不出卻是為何？名字不是玩具，不能說丟掉就丟掉。瑪麗這麼做，很可能是出於罪惡感——深植於她童年時期的罪惡感很快浮現。

一般人指責她的，瑪麗倒並不自責——她不認為自己是硬把那位科學家搶走的外國狐狸精；瑪麗不認為朗之萬是受自己誘惑而不能自拔的可憐人。沒有她，也一定會有別人安慰朗之萬，與之陷入情網。

兩年以後，當這心懷罪愆的男子與他的家人復合之時，瑪麗有何想法，我們不得而知。可以確定的是，在熱情退卻後，他們的友誼仍存。多年以後，朗之萬愛上他昔日的一個學生，還和對方生了個孩子，他想給這女子找個實驗室的工作，求瑪麗收容。瑪麗當然是答應了。

瑪麗也不自責跨越婚外情的禁忌，她難過的是為此玷辱了皮耶給她的姓氏。在她冠上夫姓的那天，女教師時代遭到拒婚的陰影才得消除。現在她不小心讓這姓氏沾上了泥汙，她要苦修贖罪。因此瑪麗宣告，她已沒資格稱作居禮夫人了，現在她是斯克洛道斯卡女士。六月，她離開布魯內轉赴薩伏伊的一所療養院養病，而後又於七月底渡海赴英國，都是用這姓氏。

自從一九〇三年在倫敦初識以來，赫莎．艾爾頓和瑪麗．居禮偶有往還。醜聞案一傳出，赫莎便寫信給布洛妮亞，建議瑪麗來英國和她同住。

赫莎是物理學家，正如瑪麗未獲選科學院院士一樣，她也被拒於英國皇家研究院的門外。英國科學界不肯承認她除了與丈夫合作之外，也獨立完成一些工作，不過他們比法國人偽善，抬出研究院的規章作藉口，說是章程上沒提到已婚婦女該怎麼加入。

赫莎精力旺盛，美麗又聰慧。自從丈夫過世後，她受到科學界的刺激，變成活躍的女權運動者。瑪麗雖是國際婦女協會的會員（當時該會在法國有七萬會員），她心目中的女權運動還是僅限於該會的主張：不示威抗議，只關心日常生活問題。

赫莎．艾爾頓不同。她與潘克赫斯特夫人（手段激烈的英國女權運動領袖）併肩作戰，曾參與為爭取婦女參政權的第一次遊行示威，遊行到首相官邸前，一個警察抓住她的脖子不許她前進。三位運動領袖都遭逮捕，判處監禁九個月。她們在獄中絕食，國際間發起請願，要求釋放她們。當時赫莎曾寫信給瑪麗，請她聯署，素來珍惜令名的瑪麗毫不遲疑的簽上了她的大名。赫莎是她所信賴的幾位女性之一。事實上，她信賴的女性多於男性。有些男人天分極高，有些男人英俊瀟灑，和他們在一起很愉快，可以做他們的朋友，做他們的愛人，可是要談到信賴嘛……，還是信賴女性穩當些。

赫莎和布洛妮亞商量好，一旦瑪麗的身體好些，可以旅行後，便到罕布什爾她的家中來住。但瑪麗在薩伏伊發病，延後了行程。接受治療期間，她把任何可以量化的事都記下來：體溫、早晨喝的水量、尿液狀況、痛的頻率與強度等。正如她曾在帳簿上記下「郎案，三一八法郎」。

終於抵達罕布什爾時，瑪麗看來削瘦愁苦。赫莎的僕人全沒想到這個倦容滿面、略帶斯拉夫口音的婦人，便是那遠近馳名的法國女子，英國報紙上喧騰一時的緋聞案女主角。

敏慧的赫莎以友誼創造奇蹟。她並沒有亦步亦趨的陪伴那不快樂的人，而是給予她精神支持。漸漸的，瑪麗的健康好轉，對人事的看法比較切合實際，便開始重整生活的步調了。

實際的處境如何呢？昔日的友人並未背棄瑪麗，她的科學地位也迄未動搖，甚至比以前更穩固。瑪麗在世人心目中不再是引人同情的哀愁寡婦，反正她也不需要這種同情。索邦大學提出的居禮與朗之萬事件報告已經束之高閣，她隨時可以回去教書，實驗室也等在那裡。她雖然經歷過一場驚濤駭浪，並沒有真的滅頂。

瑪麗不再有「私生活」，但這是她自己一手毀去的，無損於她的驕傲。撰寫瑪麗英文傳記的雷德（Robert Reid），寫到「瑪麗的生命中不會再有男人」時，下筆也許太快了些。比較安全而正確的說法應該是：再沒有別的男人在她的生命中居重要地位——這兩者是有差別的。

倒是伊雷娜，地位愈來愈重要。她寫的信已經反映出這少女的心智成熟。一九一二年七月，給母親的信上，她說：

> 我也為龐加萊先生的去世非常難過。至於政治，我一向是感興趣的，只是目前了解的不多。例如，土耳其政府垮臺的前因後果對我而言就太複雜。我隱約知道此事與土耳其軍人的逃亡有關，也和戰爭部長或海軍部長的辭職有關（或是兩人都辭職？我不太確定）。
>
> 我也注意到幾乎每天都有一位英國部長差點被女權運動者殺掉。不過在我看來，女權運動者用這種方式來證明自己有參政能力，似乎不太聰明。

瑪麗離法赴英之前，有一支波蘭代表團，由小說家顯克維奇（Henryk Sienkiewicz）率領，來請她返回波蘭。

「我們的人民仰慕您，」這位曾獲諾貝爾文學獎的作家寫道：「他們願見您在自己的城市工作，這是全國的熱切期望。有您在華沙，我們會覺得比較堅強，頭會抬得高高的。過去由於太多的坎坷，我們的頭壓得沉了下去。願我們的祈禱能得實現，別推開我們伸向您的手。」

但是瑪麗康復之後，覺得自己已經可以面對巴黎。她決定回去。

一九一二年十月，瑪麗回到貝松路的公寓，距離上一次在實驗室的本子上作筆記，恰好經過一年。下一次作筆記是在一九一二年的十二月三日，她又牢牢掌握住自己了。她並且重執教鞭。

在科學部的個人資料檔案裡，列明了瑪麗的姓名、職稱、榮銜、學歷等，另有一項「職務暫停欄」，注明自一九一二年一月一日至同年八月一日，她因病未任職。此後她再也沒有離開工作崗位。

由瑪麗簽署的一九一二到一三年的實驗室報告看來，她已經重建與大學當局的正常關係：她極力爭取更多的經費。

瑪麗．居禮已經不需要在科學的領域裡證明自己的能力，她的國際聲譽前無古人，當世亦無匹，更隨著鐳在癌症治療上的應用成功而日隆。其實，這時候人類不過剛開始發現放射性的奧祕而已。

可怪的是，鐳大放異彩，而研究鐳的科學家經費卻比以前更少。不僅因為放射性物質價格飛漲（全世界對這東西的需求不斷增加，而產量增加有限），也由於經費優先供給醫學機構，物理實驗室遂無經費可培訓及聘請研究人員，也買不起愈來愈精密的設備。

巴斯德曾稱實驗室為「未來的神廟」，這場實驗室的戰爭，瑪麗全程參與。她的堅強意志又回來了，似乎決心不放棄一寸土地，反而要擴充得更遠。全靠私人基金支持的巴斯德研究院，與索邦大學達成的一項協議，讓她有了抗爭的工具。

原來巴斯德研究院的院長早就想聘瑪麗過去任職，但巴黎學會（Académie de Paris，監督各校學政）會長不願讓索邦失去她，於是同意成立鐳研究所，與巴斯德研究院分擔經費。所內分兩組，一組由瑪麗領導，從事物理及化學研究，另一組由雷高德醫生負責，作醫學與生物學研究。鐳研究所的兩個部門所在的那條路，命名為皮耶．居禮路。

所有的計畫、建築、營造等事宜，都需要瑪麗全心投入。瑪麗甚至在造園工程上運用自己的科學方法：兩棟建築的地基還沒打，她便命人種下菩提樹，等她正式遷入時，樹已經長得相當高了。研究所建築期間，工人常看到她步行穿過工地，常常是冒著雨、踩著泥，甚至攀上鷹架。

巴斯德研究院一個名叫拉卡撒尼的學生曾經這樣記載：

每週五的下午，各營造商會在工地碰頭，像是舉行某種儀式一般。我是四天前自里昂來的，（一九一三年）十一月七日，我陪雷高德醫生去參加這戶外的集會，居禮夫人也來了。她是個虛弱的女子，穿一身黑衣，臉色很蒼白。那時她四十六歲（那天正好是她的生日），可是我驚訝於她看起來那麼年輕，溫柔而有魅力。

瑪麗已經復元了。在一次赴恩加丁（Engadine，瑞士名勝）的旅行中，她和兩個女兒一道爬山，還有一位說德語的旅伴。伊雷娜和夏芙覺得這位先生很好玩，他總是心不在焉的在山岩之間亂走，還對她們的母親說：「你看，夫人，我要知道的正是當電梯自空中落下時，裡面的搭客會如何。」這位先生是愛因斯坦。

瑪麗曾赴華沙去為一間實驗室揭幕，並首次以波蘭語在那兒發表科學演說。接著她到伯明罕去接受榮譽博士學位。她寫信給伊雷娜，愉快的敘述典禮的過程，還帶給伊雷娜一個盼望已久的消息：以後寫信到倫敦給母親，透過艾爾頓夫人轉交，可以寫「居禮夫人收」——「僕人現在都知道我的名字，所以儘管用沒關係。」

斯克洛道斯卡女士退場。居禮夫人重獲自由。拉塞福的一個朋友和勞侖茲、索迪都參加了伯明罕的學位授贈典禮，這位朋友描寫當時對瑪麗的印象說：「害羞、矜持、自制，充滿高貴氣質。每個人都想看她，看得到的卻極少。記者想採訪她，居禮夫人卻大讚拉塞福，技巧的閃避他們的問題。這可不是他們想聽到的，可也沒辦法。」

「我促請英國民眾密切注意拉塞福先生，」她是這麼說的：「他在放射性方面的研究讓我非常驚訝。可能很快就會有重大進展，鐳的發現只不過是起始的一步而已。」

拉塞福那時剛發現原子核。他發明的方法至今物理學家仍然沿用，程序之一是利用輻射線衝擊物質。當時有一個名叫波耳的丹麥物理學家，在卡文迪許實驗室工作，後來是他把量子理論引用到拉塞福的原子模型上，而建構出原子的「行星模型」（注）。

拉塞福的實驗促成了後來的原子能運用，他並沒有江郎才盡，瑪麗也沒有。然而有別種力量把他們兩人拉開，讓他們不得沉醉於純科學的愉悅之中。

注：根據量子論，物體只會在特定不連續的能量下，才會釋出和吸收輻射線。

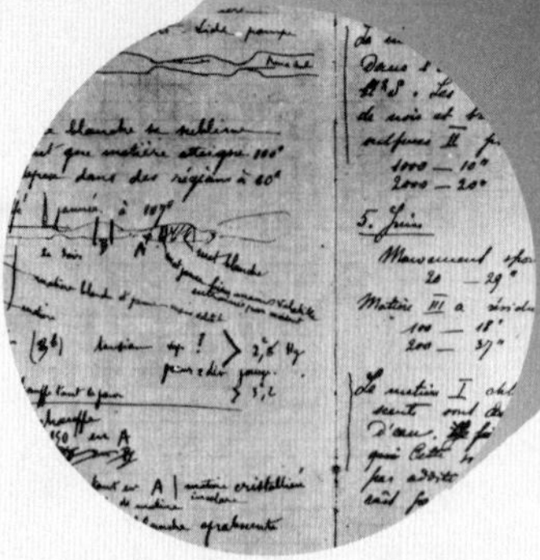

第五部 間奏

瑪麗確實累了。

二十年來，她暴露在放射線下的時間比任何人都長。

第十七章

一九一四年春天，當時法國總統普恩加萊的夫人說：「我們需要好好打一場仗，並且把饒勒斯趕走。」

這位愛護動物的高貴女士，不久便如其所願。不過，且不要責怪她說這樣的話，她不過是表現出一種集體無意識狀態罷了。當時歐洲普遍渴望戰爭，雖然大家還是繼續籌劃未來、結婚成家、造屋墾地，並且也期待和平。

至於瑪麗，她正在監督工人為居禮研究所作內部裝修。一九一四年六月二十八日，星期天，她如常買了一份《時代報》，讀到奧匈帝國皇太子斐迪南夫婦遭到暗殺的消息。兇手是一個塞爾維亞學生，暗殺地點在波斯尼亞。

那幾天，瑪麗和友人都很憂慮。巴爾幹半島有火藥庫之稱，一九〇八年奧匈帝國併吞的波斯尼亞，是塞爾維亞人居住的地方，自此更成動亂的中心。奧國皇帝會不會藉此出兵懲罰塞爾維亞呢？若果真出兵，戰事會不會擴大？

沒想到素來不滿斐迪南婚事的奧國皇室，只為皇太子舉行了三等親王的葬禮。到七月四日，巴黎報界的觀察家認為「奧國和塞爾維亞之間的衝突已經消弭於無形了」。

七月十五日，法國的中產階級放心度假去了。瑪麗也讓廚子和女家庭教師陪同兩個女兒前往布列塔尼，她自己則打算月底再去與她們團聚。

法國報紙上僅零星談到國會辯論增加軍費的事。其實擬議增加的款項只是用來更換步兵野戰服，不過辯論中卻有些出人意表的交談：

「要把這些危險的紅色褲子統統換掉，需要多久時間？」

「三到七年。」

「要是在那以前發生戰事怎麼辦？」

參議院猛烈抨擊軍方行政。一位參議員說：「如果戰爭爆發，我國的士兵只有一雙鞋子可穿，另外有半雙三十年前製造的靴子。」

七月二十三日，《時代報》社論指出，奧匈帝國向塞爾維亞提出的最後通牒「語氣強悍、要求無理至極」。在各報中，惟有《時代報》指出此點。

七月二十六日，星期天，各報忽然都以頭版刊出俄國開始動員的消息。報紙形容俄軍「紀律嚴明、訓練有素、裝備齊整」，頗欣慰於「俄國對塞爾維亞的搖搖欲墜並非無動於衷」。唯獨饒勒斯寫道：「現在我們僅存的希望是這威脅世界的災難太過巨大。」他呼籲「所有的人民群眾團結起來，萬眾一心，或許可以防止這可怕的惡夢成真。」

巴黎人齊聚在各報社前的大道上，等候最新消息。

七月二十八日，星期二，塞爾維亞拒絕了奧國的最後通牒。第一次世界大戰的第一發砲彈在貝爾格勒（前南斯拉夫領土，現塞爾維亞首都）發射。巴黎的家庭主婦立刻把雜貨店裡的商品搶購一空，鞋店裡大家爭相購買好走路的鞋。

極右派的《自由言論報》刊出德里安上校的文章：「和每位法國人一樣，我切望維持和平，但如果德國真要一意孤行，打算挑起戰爭的責任，我想我們是毫不畏懼的。」德里安於一九一六年三月陣亡。

《激進報》也有類似的言論：「暴風雨來了，但我們的船隻禁得起驚濤駭浪。大家各就各位，升旗出發吧！」

《燈塔報》也說：「不管我們多愛好和平，也有不得不戰的時候。此時，戰爭便是我們最神聖的職責。」

在柏林，德國社會黨人一連發起二十九場集會，表示反對戰爭。但他們把一切歸咎於奧國和俄國，全不指涉德國自身。饒勒斯則在布魯塞爾稱讚法國政府「追求和平、致力和平」。

社會主義國際失敗了。就連在這個組織內部，也沒能消除民族主義情緒，更不要說在工人階級中形成跨越國界的團結，以階級戰爭取代國家戰爭。國家戰爭現在成為聖戰，代表著英雄氣慨、自我犧牲，和對國家的責任。

全法國彌漫著這樣的氣氛，原本主張和平的人，在接到徵召令時都義無反顧的上戰場去了。參謀總部原本估計會有一四％的後備軍人會拒絕接受徵召，結果是只有一三％的人不到。

七月三十日，居禮研究所全部完工。瑪麗偕同德比埃爾內巡視了一番。兩年前，她曾經失去一切，現在總算又重新掌握住。這棟建築是瑪麗東山再起的最佳象徵，她將在此指揮三十多位研究人員工作。大門外鐫著「鐳研究所」，演講廳外題著「居禮廳」，若說生命有什麼意義，這就是她生命的意義，是她發號施令的所在。

瑪麗當然知道一場沒什麼道理的戰爭可能就要爆發，可是她不願相信。她身邊的朋友也一樣。博雷爾夫婦去了布列塔尼，佩蘭那天正要離開。瑪麗路過歌劇院，還購買一張八月一日的戲票。結果沒能去成。

七月三十一日傍晚，饒勒斯遇刺身亡。第二天，法國與德國各自動員部隊，一場牽涉二十七國、殺死一千萬人、改變數國疆界的大戰就在眼前。

法國和德國雙方都以為短期之內即可取勝。《費加洛報》形容軍事動員的首日，「巴黎旗幟飛揚，有如節日般喜氣洋洋」。瑪麗在寫給女兒的信中比較冷靜：「雖然很多人紛紛出城而去，巴黎仍很平靜。」

可是郵件不通了，布列塔尼的人只知道警鐘已經敲響，卻不知實際狀況。婦女憂愁哭泣，男子開始回城準備參戰。佩蘭奉召擔任工兵軍官，雖然滿心不悅，還是搭火車返回巴黎。

奇怪的是，原本認為不會打起來的瑪麗，這時候立即看出戰事會拖延很久，而且傷亡慘重，新式武器會造成大災情。

她認識的所有男子，包括德比埃爾內、朗之萬、姪兒莫里斯、實驗室裡的男性助手以及很多男學生都入了伍。艾培太老，不能打仗，便擔任後援組織的會長。他的女兒瑪格麗特．博雷爾也加入這組織，並且邀瑪麗參加。瑪麗回答：「要採取行動，要採取行動。」她不久便知道自己該做什麼事。

巴黎只有極少數醫院經常使用倫琴射線或 X 射線。軍醫院缺乏設備，只有一輛放射線車。野戰醫院更連合格的醫護人員也沒有。

瑪麗利用她的名聲、權力和關係，八月十二日便組成一支特別小組，徵調一批車輛，配置人員與設備，只要戰場上有傷兵，立刻便可以作 X 光檢查。負荷已經過重的戰爭部同意支持瑪麗的計畫，但她得自己去募集車輛、設備和操作人員。然而所有可用的車輛都已經被徵用。

瑪麗當然不會像法國人那樣迷戀俄國。俄皇尼古拉二世宣稱他打敗奧國後，要

「照他的意思改造波蘭」，法國人聽了迷惘不知所措，瑪麗也在想：不知道哥哥和姊夫的態度如何？布洛妮亞沒有信來。他們會幫著俄國人打侵略波蘭的奧國，還是幫著奧國打壓迫波蘭的俄國？瑪麗自己則從沒搞混誰是頭號敵人，誰是次要敵人。《時代報》要求瑪麗發表有關「波蘭問題」的意見時，她清清楚楚說明自己的態度。

伊雷娜從布列塔尼寫信來，要求返回巴黎。不只因為她想「出點力」，也因為鄉間的人開始對居禮姊妹側目而視：他們對廚子和管家說的是哪國話？

後者更關緊要（伊雷娜寫道），因為你自己已經被視為外國人，我們家又沒有人參軍……，他們說我是德國奸細。

我並不很害怕，只是很沮喪。我深以做個法國人為榮，愛法國超過一切，別人卻當我是外國人。每想到這裡我就不禁哭泣。

此時我寧願與夏芙單獨在此，而不要華嘉和約莎（波蘭女僕及家庭教師）陪伴。

皮耶．居禮若地下有知，會欣賞瑪麗的答覆：「聽說你們因國籍而產生困擾，令我難過。不要太在意這些事，只要盡力向周圍的人解釋就好。還要記住，你們不僅要耐心忍受這小小的不快，還有責任保護身為外國人的華嘉和約莎。就算她們是德國人，你也要盡到保護的責任，因為她們仍然有權住在布列塔尼。親愛的，想辦法充分體會你的責任，你身為法國女子，對自己和對別人的責任。」

接下來，瑪麗給女兒一些實用的建議，然後說：「讓費南多做些物理習題。既然你們兩人現在不能為法國效力，便應為將來做準備。戰後會有很多人不幸失蹤，需要別人遞補。你們倆都應該勤習物理和數學。」

至於瑪麗自己，則周旋在所有相識的名媛貴婦之間。她們愛不愛國？這是證明的好時機，方法是捐贈一輛汽車。「戰後我會還給你，」瑪麗滿懷信心的告訴她們。有幾位女士答應捐車，沒捐車的則捐錢以代。就在瑪麗募得幾輛車以後，一架德國飛機在巴黎丟下三枚炸彈，還有一幅宣傳標語，上書：「德國兵臨巴黎城下，除投降外你們別無選擇。」

九月二日，法國總統率文武百官撤往波爾多，能跟著跑的都追隨而去。瑪麗也夾雜在人潮中，搭上一列喘息爬行的火車。她自己形容，身旁全是「不能或不願面臨德軍占領危機的人」。他們攜帶著金銀珠寶，瑪麗也拿著一個她幾乎提不動的箱子，其重如鉛——事實上，那正是鉛：四十五磅重的鉛盒，內盛一克鐳，是法國僅有的一克，瑪麗的鐳。

火車開了一整天，在車上，瑪麗很怕別人認出她來，以為她也加入了這場大逃亡。可是當火車半夜抵達波爾多，瑪麗獨自站在月臺上，身邊是一隻提不動的箱子時，她生平第一次很高興的聽到別人喊出她的名字：「是居禮夫人！」這陌生人幫她提東西，又為她在一戶民家安排住處。第二天，瑪麗在銀行租了保險箱，存放好她的寶貝，便啟程北返。這次瑪麗坐的是一列軍用火車，穿著羊駝呢大衣，顯得很尊貴。同車一位士兵給她一份三明治，她很開心的享用。顯然，這段旅程的同伴比來時那群人合她的意許多。

火車上警訊頻傳，德軍已攻占貢比涅。

九月十二日是伊雷娜的生日，瑪麗寫了短箋「親吻我可愛的十七歲甜心」。二十十四日，她又寫信說：「入侵部隊開始撤退，不久你們就可順利返回巴黎。」二十日，她寫道：「我准許你們自行返家。帶得動行李的話，就帶那隻有皮蓋子的衣籃。在這裡沒時間洗熨衣服，所以帶那隻比較好。」

可是伊雷娜剛好腳受傷，不能走路，亨麗埃．佩蘭照顧她。伊雷娜回信：「我在學立體幾何，因為我完全不懂微分方程式。」終於能返回巴黎之後，瑪麗立刻分派她工作。

瑪麗先得到捐贈車輛的女士們同意，便要求機械師把這些轎車改裝成小貨車。

接著走訪 X 光儀器及發電機製造商，請他們提供所需的設備。

一九一四年十一月一日，第一輛放射線車開往前線，車身灰色，側面有紅十字。這時單單法國方面已有三十一萬人陣亡，三十萬人負傷——他們是穿著紅色軍褲上戰場的。

車上有瑪麗、伊雷娜和軍醫、助手及駕駛。第一站是瓦茲省的克雷伊軍醫院。瑪麗設計的作業方式簡單但是有效：每輛車配備一具發電機、一個攜帶式 X 光機、照像設備、電線、簾布、螢幕和防護手套。

X 光機放在房間裡，窗戶用簾幕密封，電線連接車上的發電機，由駕駛員操作。

這裡面有技術問題。照 X 光的是痛苦的傷患，很多人傷勢頗重。「任何人只要看一眼我在那幾年裡經常目睹的場面，便會痛恨戰爭。」瑪麗後來寫道：「已成年、未成年的男子，紛紛被抬到火線後面的野戰醫院，醫院裡全是血跡。」對於才十七歲，原本一直生活在溫室裡的伊雷娜，這驚嚇夠大，但她沒有動搖。身為居禮家的人，伊雷娜知道自己的職責；何況，只要能滿足母親的期望，她是赴湯蹈火在所不辭。伊雷娜不能忘懷有一次母親給她一個物理習題，她心不在焉的答錯了，母親抓起她的筆記本，扔向窗外。

「母親對我的信心一如對她自己，」伊雷娜後來敘述她在十八歲的年紀，單身遠赴亞眠的軍醫院，裝設 X 光機的情景。她又「負責教導一位根本反對幾何學基本概念的比利時軍醫如何固定投射器——這工作可不容易」。

一九一四年十一月一日，紀錄顯示伊雷娜搭乘的那輛放射線車共做了三十次檢驗。她是由此開始學習的。

瑪麗訓練工作人員，先從簡單的病例做起。她和伊雷娜共同檢查的第一個傷患，是前臂被子彈射中。她們把傷患放在 X 光機前面的固定位置。瑪麗調整儀器，讓螢幕上清楚投射出傷處的影像，拍下照片，立刻交由助手沖洗出來。

她們遇到很多頭部受傷的病例。一九一一年，戰爭部曾提案給士兵戴頭盔，議會反對，理由是「那樣看起來太像德軍」。到一九一五年，士兵才戴上頭盔。

戰爭初起之際，外科醫生使用放射線的經驗還很缺乏，有些醫生，尤其是年紀大的，對這種檢驗新法全無信心，「居禮夫人」憑她的權威全力說服他們。而後來，他們又往往連照像都不照，光憑放射線螢光幕判斷。

瑪麗駕駛她的灰色雷諾車巡行前線，每到一處，她總考慮能否設立永久的放射線檢查站，必要時更親自送設備過來。

一九一五年一月一日，瑪麗寫信給在陸軍工兵營擔任士官的朗之萬：「有人寫信給我，說在聖波地區的放射線車故障。這麼一來，整個北部地區就沒有放射線設備了！」

一個月後，有了一部車。然後多了一輛、又多了一輛。瑪麗擅長鼓動別人，把別人組織起來做一番事業。

總共二十輛車，號稱「小居禮」，從一九一七年到一九一八年，在瑪麗建立的兩百個永久工作站，做了一百一十萬次X光照像。

前線戰況一穩定下來，巴黎立刻恢復生機。音樂廳重新開放，電影院則放映卓別林的電影和《紐約奇譚》（*Mysteries of New York*）。一九一五年三月，服裝設計師推出小腿肚長度的裙子，驚世駭俗。俄國芭蕾舞團為英國紅十字會作義演。一九一六年班的學生恢復上課，《費加洛報》描寫：「在寒冷的春天早晨，年輕人三五成群走向車站，肩上背著帆布袋，手插在口袋裡，歪戴著帽子，開心的互打招呼。旁邊走過的老人、婦女和小姑娘，都隱忍著不願破壞他們年輕的興致。」

可是有位醫生從索姆寫信給瑪麗：「我從清晨忙到夜晚，七月份我做了五百八十八次檢驗……這麼重的職責，我恐怕沒辦法再做多久。」瑪麗已經把所有能發動的男人都調去工作，現在她決定訓練女性做X光檢驗師。

女性在這幾個月已經做了許多過去沒做過的事。瑪格麗特・博雷爾利用師範學校的一個房間做徵兵站，還為應徵者做性向測驗——軍隊的性向測驗由此開始。她又用火車載運婦女去火藥廠、飛機廠工作。也有婦女擔任郵差、美髮師、花匠和鐵路員工。

這種現象太普遍、太驚人了，眾議員席富來向她們致敬，並且甘冒大不韙，建議眾院在戰後給婦女投票權。劇作家布魯克則在《新聞報》上撰文預言其後果：「女人心想：『我們既不軟弱，也不愚蠢，更不像男人形容的那般無能，除了嫁人，我們應該有別的事業可以發展。既然不靠男人也活得下去，我們就有權選擇。』」眾院於一九一九年五月二十日以三四四票對九七票，通過給法國婦女投票權。但是參院立刻予以否決，此舉一定受到戰後男性的反彈情緒鼓舞。

布魯克預言，戰後「男人會敬重女人」，「可厭的嫁妝習俗會消失」，但是「兩性會激烈競爭工作機會」。

其實在當時這還完全不是問題。陸軍需要駕駛員，召募兩百名婦女。瑪麗也需要學有專長的女性擔任 X 光師。

她的一位昔日學生克藍負責徵募工作，由瑪麗施予「速成訓練」。應徵者每二十人一組，聚集在居禮研究所，瑪麗花兩個月時間教授數學、物理學和解剖學的基本概念，然後分配她們到工作站去。就這樣訓練好一百五十位檢驗師。

在學生面前，瑪麗有耐心的一面，也有冷酷的一面。對於認真的學生她有耐心，極少數不認真的，她便毫不客氣的趕走。

為此瑪麗啟用另一本筆記，記錄學生每天的進展。在一個名字後面，她寫道：「是個……笨蛋。」另一個名字後面寫：「想退出，因為放射線有不良副作用（？？？）。」這個「笨蛋」其實是對的。這些婦女差不多毫無防護的使用放射線，究竟受到多大傷害，我們無從得知。

這時瑪麗已取回存放在波爾多的鐳。科學家現在研究出讓鐳溶解的方法，水溶液的鐳會散發一種叫做氡的氣體，最近才用於臨床治療上。都柏林有位名叫卓利的教授更發明出「乳化」氡氣的方法，然後裝進密封的小玻璃試管，給病人注射之用。

軍醫院需要的氡氣愈來愈多，因為氡可幫助傷口癒合。瑪麗請伊雷娜幫忙，從居維路搬移設備到研究所，用她的那一克鐳來製造氡氣，這就是法國第一個氡氣製造廠。

在這裡，處理這珍貴物質的也是女性，她們比較靈巧。有時候其中一兩位會沒來由的累得慌，站都站不住。離開實驗室休息幾天後才能回來工作。她們不在時，就由瑪麗代班。

瑪麗雖是軍方放射線工作隊的負責人，卻從沒穿過軍服。她就是以居禮夫人的名義出現，走到那裡都戴著一頂圓帽，外套上別著徽章。

「我聽伊雷娜說你來到附近，」她的姪兒莫里斯・居禮寫信給她：「每當有醫療車經過，我就把頭鑽進去看，卻只看到高高的尖帽子上面有許多金飾，我不相信軍方會要求你把素來零亂的頭髮梳成那樣。」

瑪麗摯愛莫里斯，擔心他的安全，但是並沒有利用關係給他找個不危險的工作。不過，想想科學人才這樣被浪費，真是可惜。

佩蘭想辦法活動到瑪麗主持的單位，主管一輛放射線車。一九一五年一月，兩人一同北上，途中爆掉兩個胎，撞到一棵樹，只好停下來喝杯茶。佩蘭寫信給在軍中服役的朗之萬：

此刻我們在敦克爾克一家寒傖的旅館裡，倚著一張岌岌可危的桌子，喝一杯太濃的茶。我們所到之處都大受歡迎，主要因為有居禮夫人在。

……我們都經歷過艱困的階段，現在該是像你這樣的人才趕快發揮專才的時候了。你可做的事很多，而且非做不可。發揮你物理學家的才智，比一千個士官都有用，這可並不表示我對士官有任何不敬……。

我認為，想辦法讓我方獲勝，現在正是你的責任。其他的責任都是次要甚至次次要的！真正的職責如此單純而清晰的擺在你眼前，可真是幸運。

投入這職責，其他的都放在一邊吧。

瑪麗在信末加上幾句，然後簽名在佩蘭旁邊。

朗之萬這樣四十多歲的科學家去做工兵，更年輕的科學家則在戰場上陣亡，這種事普遍得很。其中一位是瑪麗最欣賞的工作人員但尼茲，他是砲兵上尉。

真正動員起科學界的力量，是一九一五年四月的事。阿爾及利亞的幾個營，在伊普爾（Ypres，位於比利時，一次大戰時英軍防區中心之一，後全城毀於戰火）的戰壕內防守，忽然一陣綠雲飄來，士兵紛紛咳嗽、窒息，倒在地上不省人事，肺裡充滿了氯氣。

這片綠雲便是首次使用的毒氣。一個傑出化學家向德軍提供的建議。位於柏林的帝國有機化學研究所經改造成為軍事機構，有工作人員兩千多人，包括一百五十位大學教授——這事，當然要到很久以後外界才知道。

事情發生後，幾位法國化學家從前線調回來，獲頒軍事獎章的德比埃爾內也是其中之一。莫魯組成毒物研究小組，生理學家梅爾（André Mayer）試做出一隻防毒面具。

莫魯和梅爾都領教過芥氣的威力，因為德軍在伊普爾也使用這種毒氣。醫院裡擠滿眼睛半盲、咳嗽不止的士兵。法國人後來也大量使用這種毒氣。

一九一五年十月，正當潘勒韋出任教育部長時，物理學家和數學家紛紛應召返回巴黎。朗之萬負責監督彈道實驗，並開發無後座力砲。佩蘭研究利用聲音找出大砲和飛機的位置，到一九一八年開始實際應用。

但海上危機深重。德國潛水艇摧毀盟軍儲備的人員、煤礦和糧草。一九一六年，盟軍共損失九百三十六艘艦艇，第二年更增到兩千六百八十一艘之多。英國首相邱吉爾後來寫道：「潛艇戰很快就會逼得我們無條件投降。我們的命運懸於一線。」

這細弱的一線操在科學家手中。英國政府也把科學家從戰場上調回來了，包括拉塞福，開始全力尋找對抗德國潛艇的方法：怎樣偵測潛艇？

法國一個名叫奇洛斯基的工程師建議檢查人耳聽不到的超音波。可是怎麼檢查？朗之萬和他的兩位昔日學生，就負責研究這事。

最初，朗之萬在塞納河試驗超音波偵測，原則上行得通，但是接收回音的效果不理想。後來朗之萬想到利用石英的壓電效應，那正是早年皮耶和雅各．居禮發現的現象。

朗之萬的一個學生珍藏著皮耶．居禮裝裱的一塊石英，朗之萬把它取下，用來作收音用的麥克風：超音波麥克風就是這樣發明的。接下來幾個月，研究小組狂熱工作。到一九一七年，朗之萬已經把接收器改良到可偵測出振幅不到百億分之一公釐的波。

後來英國開發出的潛艇偵測裝置，全是根據朗之萬的發明，今天各種各樣超音波科技的應用也莫不如此。

英法兩國的科學家往來密切。一九一七年的某一天，拉塞福剛好在巴黎，中午時分，他看到一個士兵駕駛計程車，在他下榻的旅館停下，裡面坐著佩蘭、朗之萬、瑪麗和德比埃爾內。「他們請我去吃午飯，對我很熱誠。」他後來記述。午飯後，大夥兒一塊去聽拉塞福演講，之後去居禮研究所，瑪麗烹茶請他們喝。那天，拉塞福覺得瑪麗「臉色蒼白、極其疲倦」。

瑪麗確實累了。二十年來，她暴露在放射線下的時間比任何人都長，現在仍每天暴露。不論刮風下雨，她都乘坐時速不能超過五十公里的汽車四處奔波，抓住機會就打個瞌睡，有什麼就吃什麼，卻培養出以前沒有的幽默感。

顯然，為應付緊急狀況而發揮自己所有的潛力，是渾然忘我的最佳方法。瑪麗這時候心平氣和。

一九一八年冬天特別難過。天然氣短缺，塞納河浮滿冰塊，麵包需要配給。三月三日，消息傳來，德俄簽訂和約，俄國把波蘭和烏克蘭割讓給德國。同日，巴黎服裝設計師展出新款時裝——連身短裙。

四月，德國渡過埃納河，蘇瓦松、蒂耶里堡相繼失守。蒂耶里堡附近有一位低階美軍被俘，身上搜出一本筆記，上面寫道：「美國一定要打贏，為此我要努力工作、撙節開支，我要犧牲，要忍耐，要快快樂樂的打仗，竭盡全力，就像戰爭的勝負全看我一個人那樣。」

每年秋天都要重感冒一場的瑪麗，卻奇蹟似的沒有染上這年大流行的西班牙型感冒。到十月為止，這場疫病每週都要奪去兩千人的性命。

十一月初，最早開始執勤的 E 號 X 光車為第九四四位傷患照了 X 光，他的左肩嵌進一枚彈片。

一九一八年十一月八日晚間，各戲劇、娛樂場所的節目中斷，為的是宣布一個消息：德皇威廉二世出亡。

十一月十一日，開戰以來第一、六五一天，上午十一點，勝利的砲聲響起，瑪麗正與克藍在實驗室裡。兩個女人立刻跑到最近的商店去買紅、白、藍三色的布，製成一面大國旗，懸掛在居禮研究所的大門上方。

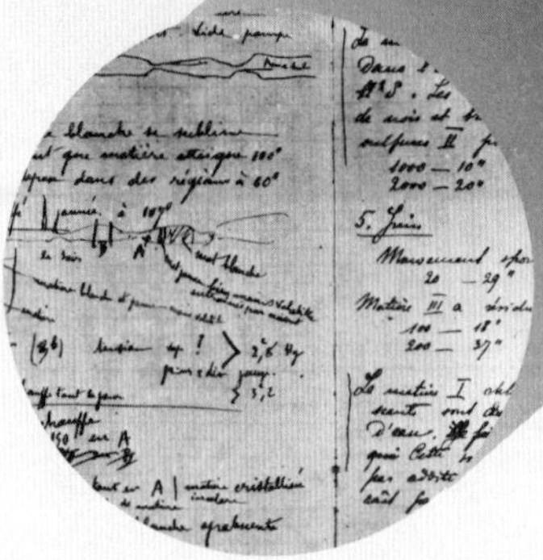

第六部 雕像

「只要有一個偉大的目標，即使要我做很卑微的事，也能給我很大的心理報償。」

第十八章

法國勝利了，波蘭自由了，鋼琴家帕德雷夫斯基當選華沙國民議會主席。瑪麗的家人安好無恙，好朋友也都健在，儘管法國在戰爭中失去一百五十萬條人命，鐳研究所和鐳卻無損。瑪麗還能巴望什麼？她已經是非常幸運的了。

俄國大革命沒有讓瑪麗興奮狂熱，她倒是同意美國總統威爾遜在提出十四點和約基礎時所說的：「比起很多攪動世人激情的聲音，俄國人民的呼聲在我聽來更沉痛、更感人。」她也熱中於成立國際聯盟的計畫。

經過四年暗如黑夜的戰爭，迎來的黎明之光卻照映出一片死寂。可是不管怎麼說，這總是一個新世界的開端。威爾遜於一九一九年派遣代表團訪問列寧，一位團員事後說：「我訪問過未來世界，這制度有效！」

威爾遜對和約問題表示的另外一些意見，卻讓瑪麗和其他很多人失望。瑪麗的看法是：「我們既然不可能把德國人全部殺光，就應該提出他們可以接受的和平方案。」

夏天再度來臨，瑪麗給自己安排一個徹底休息的長假——她已經很久沒這麼做。不過，她還是帶了點工作去，寫一本有關放射線學與戰爭的書。

克藍帶瑪麗到普羅旺斯去，她這才發現此地的美。星光燦爛的八月夜晚，瑪麗可以在陽臺上睡覺；而地中海的海水那麼溫暖，她又開始游泳。觀光客不多，海灘上只有幾個英國人。

瑪麗寫信給伊雷娜：「要是旅館再像樣一點，這裡就是最合適的工作場所了。」

瑪麗實在太喜歡這地區，後來就在附近興建一座房子，三面環海，又在旁邊辛苦打造一片梯形花園。瑪麗熱愛房子，這是她對有形實體僅有但卻強烈的喜愛；她後來又在布列塔尼買下一幢房子，而在布魯內的房子也一直保留到她去世。

每次與女兒分開，瑪麗總是長篇累牘的寫信給她們，給各種詳盡指示。這次瑪麗很自然的展現慈母風貌，不像以前勉力擔負母親職責。

瑪麗談到「我們醃漬的東西，有點壞了，要重煮一下。」又教導如何驅蟲，抱怨女僕不合用。這些信的語調輕鬆溫和，說明瑪麗與伊雷娜的關係有一種與往常不同的溫柔。瑪麗稱伊雷娜「大女孩」，授權她「指揮實驗室裡的事，別讓他們在我走開的時候把事情弄得一團糟。」

「我常想起，」瑪麗寫道：「那一年我們的工作緊張忙碌，很希望收穫豐碩。我也想到你們兩人的種種好處，你們給我的喜與憂。你們真是我的一大財富，我希望自己還能多活幾年，和你們在一起。我知道你們會歡迎媽媽這老朋友回來，會再次為她盡心效勞。」已經年逾五十的瑪麗，似乎進入了第二青春期。

瑪麗不像以前那麼苛責，也不再那麼憂煩。瑪麗樂見自己「仍然」敏捷、「仍然」年輕、「仍然」能騎馬，和伊雷娜一起去滑雪。這情況還能維持多久？總有終了的時候。可是眼前是扎扎實實的生活。一直自認此生多苦的瑪麗，其實是熱愛生活的人。

瑪麗仍是那麼瘦小、柔順，常常懷著小姑娘的心情，光腳穿拖鞋走來走去。隨著心情的變化，她有時候看起來比實際年齡老十歲，有時候又年輕十歲。

現在，瑪麗有時得戴眼鏡了。這不是很自然的事嗎？

瑪麗的名聲一度受損，但那又怎麼樣呢？在橫掃整個歐陸、整個時代的戰爭風暴之後，那件事顯得好遙遠，好不真實。社會和她自己的生活方式都已經改變。

瑪麗回到巴黎時，勝利的熱潮已經消退。巴黎當然仍如慶典般熱鬧，以後多年也一直洋溢著生活的熱情。這時的法國文化既燦爛，人民又富創意，再也沒有哪個時期，比一九二〇年代更有魅力、更優秀了。可是這些珍珠與鑽石卻是鑲在一件一碰就破的衣服上，後來衣服碎裂，大家親眼目睹。

不錯，巴黎熱鬧如慶典，但並非人人皆可參與。軍火工廠的高技術工人失業了，衣食不周。其他的人也眼看著自己的購買力降低：薪水增加兩倍，物價卻上漲三倍。

市民分為兩個陣營：怕事的和找事的。饒勒斯在他生前最後一場演說中預言：「先是戰事，而後是戰爭引發的疫病，……德國、法國、俄國和義大利的人民同樣感到幻滅，他們會質問領導人，死了這麼多人，到底為的是什麼。革命運動於是茁壯起來，似乎在向領導人說：『去祈求上帝和人民的寬恕吧！』」

無產階級革命在歐洲如火如荼的展開。列寧將之引進俄國，扎下根來，但在德國革命失敗，在波蘭遭到排拒，在義大利方向走偏，而在法國，革命根本沒有爆發起來。

法國社會黨人以為可以透過民主程序，藉選舉達到革命的目的，先贏得民眾的支持，再推行改革計畫。

沒想到他們不但沒獲得多數席，反而比原有的席次更少，在國會三百五十席中僅占約六十席。這是一九一九年十一月的事。

一九二〇年初，到處都在罷工。這年五月一日傍晚，全巴黎九〇%的一般職工和全國七〇%的郵政人員都罷工了。當時法國的鐵路是民營的，「鐵路工人聯盟」要求收歸國有，因而宣布無限期罷工。運輸公司、礦場、碼頭的工人，以及水手、建築工人等，隨後分兩波加入行列。

到五月二十九日，一個月前轟轟烈烈展開的大罷工，竟以大潰敗結尾。一個鐵路工人工會祕書長自殺，工人運動被壓制住，最後一萬八千名鐵路工人被解僱，罷工結束。

另外一件事卻開始發生：左派分裂成兩個黨。社會黨加入第三國際，這表示它接受了布爾什維克提出的二十一條。社會黨與共產黨自一九二〇年起分立，不論是出於偶然，或是當時經濟狀況所致，從此形成法國社會結構的一部分。

很多科學家，尤其是瑪麗周圍的這群，在一九二〇和一九三〇年代都熱心參與政治。他們的立場往往不同，但無損於彼此的友誼。

不過，他們的立場也沒有太大的歧異。當共產主義和社會主義界限不清時，他們也兩邊來去。

一九一九年，在法蘭西學院擔任教授的朗之萬簽署了一份致俄國知識份子的「同情書」。他聽說，革命之後的俄國在一些原本沒有研究所的地方設立研究所，又開辦工人學校，訓練過去沒機會唸中學的工人。這讓他燃起希望。

朗之萬也簽署了「知識份子宣言」，抗議對俄封鎖。

一九二〇年大罷工期間，朗之萬在物理暨化學工業學校當教授，當局要求學有專長的工科學生志願參加維持鐵路暢通的工作，他是唯一公開表示反對的教授。

當年朗之萬與泰瑞決鬥時，與潘勒韋一同擔任朗之萬助手的何勒，是學校校長。他主張學校停課，以支援學生志願工作。五月十八日，朗之萬發表「公開信」，詳述他反對的理由。他說這是「把衝突帶進學校，強迫還不懂事的年輕人選擇立場。他們對勞工的世界一無所知，以後卻要成為其中一員，今天他們採取的立場，以後可能為他們製造極大困擾。我們應盡力讓學校維持正常教學。」

這是朗之萬第一次公開表明政治立場。他的暴烈性格、他的慷慨豪情，他出身貧窮工人家庭的體驗，以及他對共產俄國初期的傾心，都是他政治立場形成的因素。當時有很多人像他一樣，相信共產主義為俄國帶來正義、公平與人性尊嚴。

同年，朗之萬加入要求赦免「北海叛徒」的運動。所謂北海叛徒，是法國艦隊的水兵，拒絕接受指令，向敖得薩（在蘇聯烏克蘭）開砲。

但在這些事件中，瑪麗．居禮、佩蘭和博雷爾都沒有與朗之萬齊一行動。這群已經進入生命後半的朋友，仍然像年輕時一樣，充滿改革的熱情，所有的高位、榮銜全沒磨損他們的志氣。戰爭只讓他們更相信人類的命運與前途有賴科學，因此更重視科學的地位、訓練科學家以及從事研究的方法。

他們當然清楚：第一次世界大戰是人力之戰，也是科技之戰。可是朗之萬相信，社會須經過改造，才能給予科學應有的地位和需要的資源。博雷爾則認為，社會結構要由科學來改造。佩蘭和瑪麗認為要有具體的行動，才會有具體的結果。而法國的科學，處境極為糟糕。

人力狀況方面，一〇%的成年健全男性死於戰爭，一九一一、一九一二和一九一三年份的理工科學生，有一半死或傷；受了傷的，再也沒回到學校來。本應成為數學家、物理學家、化學家的年輕人，就這樣流失殆盡。

餘下的一半又如何呢？最出色的人才不願意過學術生涯，因為學校薪水趕不上攀升的物價，於是進入工業界。

研究人員幾乎毫無地位可言。所有無實際利益的研究還是由教書的先生們來做，佩蘭說得好：「累死人，頭腦也有裝不下的時候。」

至於資源，一九二〇年，科學院連欠的債都還不了。

在鐳研究所，瑪麗連一架打字機都沒有。還是瑪麗頭腦靈活，想到以低價買進戰爭的剩餘品，才增添一點點設備；她又以對財政部長緊迫盯人的方式，弄到兩部貨車。

財政部長曾寫過一封很客氣的信給瑪麗，說願意提供必要的「貸款、儀器和其他資源」，可是實際能提供的極為有限。

私人捐助也很少。發了戰爭財的暴發戶沒有慈善捐款的傳統，原來的慈善家又損失了大半家貲。

就算有人資助科學，也寧願資助純醫學研究。一九二〇年，羅斯柴爾德醫生捐出一大筆款項，組成基金會，獎助放射線治療法的研究，命名為居禮基金會。雖有這樣的名義，其實錢是用來獎助鐳研究所的特定部門：雷高德博士主持的生物暨醫學研究所。

這方面的研究不屬於瑪麗的範疇，鐳與醫療發生關連，在她的事業中一直是個偶然，她真正想做的是成立純粹研究放射性的實驗室，傳授她發展出來的研究方法和實驗技術，與放射性的實際用途全然無關。

可是通貨膨脹的結果，瑪麗領得的年度經費只夠買兩架測度儀。巴黎也許始終繁華燦爛，但法國科學貧血。面對這樣的事實，瑪麗的勇氣、決心和自信都失去力量。能向誰求助呢？

最積極的科學家到處寫文章、發表演講來示警：不論從國家聲望、工業競爭力或社會進步來看，不肯投資於學術研究的國家就是一個沒落的國家。

今天每個人多多少少都了解這一點，可是在一九二〇年代，這還是個新鮮說法。很少法國人會把德國的強大與它在十九世紀的科學優勢聯想到一起。

更沒有人注意到德國的科學優勢是怎麼建立的：德國的大學組織完善、設備足夠、公私立研究機構員額很多，而產業界也相當支持學術研究。因此能吸引德國甚至外國的最優秀人才。

英國看出德國已居優勢，便成立好些教學及研究機構，其中之一便是拉塞福所屬的劍橋大學卡文迪許實驗室。戰後英國也繼續發展擴充。

而法國呢？政壇人士說，科學家反覆彈「國家聲望」或「產業競爭力」之類的老調，可是他們實在看不出，國力與科技進展有何相關。他們認為國力即軍力，而法國軍隊不是剛證明過是世界最棒的嗎？

儘管如此，科學家發動的「科學宣傳」運動並非全盤無效，尤其是發生一件震撼人心的事件之後。而在這次事件中，瑪麗．居禮再度成為中心人物。

第十九章

我們不太清楚瑪麗是怎麼認識藝術鑑賞家兼收藏家羅謝（Henri-Pierre Roché）的。那時候的科學家不驕傲，還肯與藝術界人士時相往來，因此應該就是在某位藝術家家中，或竟是在羅丹家認識的。

總之，兩人成為很熟的朋友。因為很熟，羅謝才敢請求瑪麗接受新聞界的一次訪問，因為瑪麗素來厭惡新聞界——她當然有充分理由。

不斷有記者要求採訪瑪麗，她總是回答：「除非有科技方面的事要宣布，居禮夫人不接見記者。她從不談私事，不談她的人生，她喜歡什麼，不喜歡什麼。」別人請她簽名、要照片、請她演講，甚至信件往返，瑪麗都很小心，尤其是有人問到有關癌症治療的問題時。美麗的舞蹈家富勒罹患乳癌，怕動手術，瑪麗便介紹她去看雷高德醫生。

雖然這麼不喜歡新聞界，一九二〇年五月的一天早晨，瑪麗卻在居禮夫人實驗室的辦公室裡會見了羅謝和一個非常瘦小，名叫麥汀莉·蜜洛妮（Marie Mattingly Meloney）的女人。她一頭灰髮，黑眼睛很大，有一點跛。才見面，她便告訴瑪麗，朋友們都叫她蜜西（Missy）。介紹她們認識的羅謝，想到這次會面能激發出怎樣的火花，暗暗歡喜。不過羅謝也準備在出現不愉快場面時居中調解。

蜜西是美國一家著名的婦女雜誌《描繪》的總編輯。三十九歲的她，在華盛頓社會地位既高，政治關係又好。居禮夫人的冷峻不足以嚇退她，事實上，她從來沒有被訪問對象嚇倒過，包括後來訪問的希特勒和墨索里尼。

蜜西剛在英國訪問過威爾斯和羅素（Bertrand Russell），這次是巡迴訪問全歐，視察由她的雜誌轉交的捐贈，究竟是怎麼用在戰火災黎身上的，順便會晤幾位歐洲的重要人物。蜜西要求訪問瑪麗。否定的答覆顯然沒有讓蜜西喪氣，因為她發現一位中間人可以打開那扇緊閉的門。

意想不到的情況發生了。這兩個女人彼此欣賞，建立起友誼。瑪麗不知怎的，著迷於這陌生的小人兒。瑪麗似乎要向羅謝證明自己不需要傳譯，在這方面她總是像個十歲孩子。其實蜜西的法文講得很好，後來兩人在交談和通信時英、法文並用。但是那天，蜜西很聰明的看出居禮夫人以自己的英語能力為傲，也就不去剝奪她使用英語的樂趣。

瑪麗胸有成竹，很優雅的回答蜜西的問題，也許是由於蜜西的問題問得好，單刀直入。蜜西真是出色當行，她事先做好準備，得到的答覆也頗讓自己意外。

例如，美國有五十克的鐳，瑪麗一一列舉它們分屬那些研究機構，而法國只有一克，就是在發現它的居禮研究所裡。又如居禮夫人因為缺乏設備，不能繼續做研究。還有，瑪麗從未因發現鐳而賺到一文錢，因為她特意不申請專利。沒有專利權，便沒有收入。成千上萬的癌症患者都在接受鐳治療，而居禮夫人，說得白一點，依舊是一個窮國家的窮女人。

多傻啊！紐約第五大道的那些人一定會大感驚訝。這也會讓美國人更加理解到自己對那些戰後破敗的國家有責任。

「如果你可以許一個願，世界上你最想要的是什麼？」蜜西最後問瑪麗這個問題。

瑪麗毫不遲疑的回答：「一克鐳。」

蜜西記錄下來，謝了瑪麗，告辭。

兩天後，蜜西又來按瑪麗的門鈴，不過這次是瑪麗的住處。雖然才相識，蜜西卻比許多認識瑪麗十年的人更了解她。要如何運用這份了解呢？蜜西天性善良，仰慕瑪麗，喜歡做積極進取的事，而最值得做的事，莫過於為人類造福。蜜西常自喻為火車頭，力足以移山。

一克鐳值多少錢？一百萬法郎，也就是十萬美元。這是一九二〇年，一美元值十法郎。十萬美元是可以募集的，只要有動人的說法，加上一個著名的人物。蜜西想，她可以向一些有錢的美國人募捐。

當然，要是蜜西真的募到，瑪麗必須親自來接受這一克鐳。同時，宣傳成功的話，瑪麗出售自傳的版稅，也可以賺一筆錢。蜜西本人又有什麼好處呢？她的雜誌所屬的出版公司，將擁有瑪麗初訪美國系列報導的獨家版權。這樣做合適嗎？當然合適。

瑪麗喜歡這樣的交談：簡單而直率。只有一件事令瑪麗擔心：她去美國，媒體紛紛報導，可能會重提朗之萬事件。

瑪麗竟肯突破禁忌，提起這件事，說明她對蜜西的信賴已到何種程度。蜜西完全了解。一九二〇年代的美國比任何時期的法國都要來得嚴肅。她離開巴黎時，與瑪麗約好一種暗語，以便日後在電報中討論此一微妙問題。

兩個女人個性上有若干相同之處：兩人都身體衰弱而精力過人——蜜西患有肺結核；兩人都從事「男人的工作」——蜜西是醫生之女，十六歲便進入報社工作，而那時美國新聞界是純屬男性的天下；兩人都善於理財，卻又並不愛財；兩人都有宗教式的狂熱。但是兩人初見即成知己，也因為瑪麗看出蜜西是好心、慈愛而可靠的女性，和自己身邊的其他女性至友一樣，是在她需要時會趕來，即使人在天涯，精神也常相左右的那種。

相識十五年後，瑪麗寫信給蜜西，要她銷毀這些年來瑪麗寫給她的信件，因為「那是我的一部分，你知道我多麼不欲人知」。

蜜西在銷毀之前過濾了一遍，她留下的信件內容只見證這兩個同樣病殘、同樣無懼的戰士之間不滅的友誼。

蜜西一回到紐約，首先清理完積存六個月的工作。理論上，為正當理由募捐還不簡單？事實上，那是勞心勞力的事。

闊太太們並不熱心幫助瑪麗，至少這樣的人不多。蜜西看到這情況，決定展開全國運動。蜜西先請一批科學家組成委員會，建立權威氣勢，然後發動石油鉅子洛克斐勒（John Rockefeller）的妻子、美國副總統柯立芝的妻子、美國癌症控制協會創始人密德夫人，以及另外幾位名媛貴婦參與支持，她自己則投入這場有史以來聲勢最浩大的公關活動。

不過，蜜西先得翻出一九一一年的舊報紙，看看朗之萬事件在美國報導得有多廣泛。確實不少，尤其是赫斯特報系。蜜西很擔心，決定各個擊破。她拜訪紐約每家報紙的總編輯，向他們的良知呼籲。儘管這些總編輯並不那麼重視良知，但蜜西的言詞極有力，所以沒有人拒絕她的要求——放過居禮夫人的這段歷史不提。

他們不僅全都遵守諾言，其中最難纏的《紐約晚報》總編輯還捐了一百美元給「瑪麗．居禮鐳基金」。

一九二一年初開始，蜜西和瑪麗之間的通信充滿喜悅，世上再沒有誰比瑪麗更了解她自己的價值，也沒有誰比蜜西更能夠欣賞這份價值。然而她們又都認為必須要「坦率相待」。

瑪麗答應過要親自來領取那一克鐳，她就會去；她說過要寫自傳，也一定會寫。已經有四家出版公司在爭取出版。

蜜西在幾乎每天一封的信中談到鐳，有時說是一喱（grain），有時說是一克（gram）。一月十二日，蜜西接到羅謝拍來的電報：「居禮夫人問是一喱還是一克。一喱相當於十五分之一克，在實驗室中是不夠用的。」

蜜西確認是一克，她還說，美國總統要在白宮接見瑪麗，親手把鐳交給她。很好。瑪麗寫道，她可以在美國待上兩週。

蜜西回覆，比利時國王與王后來訪時待了六週，鐳之女王也應該比照。再說，蜜西安排好龐大的訪問計畫，要六週時間才夠。她得要橫越美洲大陸，拜訪大學、實驗室，出席宴會，接受榮譽學位、獎章以及各種禮敬，這些都是捐款活動中往往要附帶的。

瑪麗說，與女兒分離六週太久。蜜西回答，可以帶女兒同行。

「殖民地俱樂部」表示願意在瑪麗來訪時提供住處，但是蜜西說：「俱樂部很漂亮、很豪華，可是我怕你在那兒會受打擾。如果你願意住在我家，我會很感榮幸。和此地大部分文藝界的人一樣，我和丈夫生活簡單寧靜。我希望你在紐約期間做我的貴賓，我希望你此行不破費一文。」

好啊，瑪麗說，可是我的女兒怎麼辦？蜜西的鄰居，「我的朋友，駐中國公使柯蘭（Charles R. Crane）不在家，他會願意把他的公寓暫租給我的。」

巴黎的報紙宣稱，美國準備贈送一克鐳給巴黎大學。瑪麗閱後大怒。蜜西一直說這份禮物是給居禮夫人的。蜜西的回答是：「那一克鐳確實是給你的，給你個人的，由你決定在你百年之後如何處置。」她還加上這麼一句：「如果巴黎大學需要協助，我很願效力，不過此刻我全付時間和精力都為你服務。」

若說瑪麗曾有過絲毫懷疑，這時也已完全消除。她讓蜜西了解自己的心意：「不得你同意，我絕不接受任何人的要求或建議。」

三月，紐約又傳來電報：「請以電報告知在法國南部成立實驗室需費若干，並請寄來你和女兒的近照。」

瑪麗確曾夢想在法國南部成立私人實驗室，但是她只是口頭上說說，從沒以為真的能實現，更沒有認真計算過需要多少經費。瑪麗回信說，成立這樣一個實驗室一定有益於自己的身體健康和心情寧靜，也有助於不能在鐳研究所進行的、處理大量礦物的工作。最後瑪麗說：「如果我再告訴你，我現有的實驗室也需要擴充，我因為太缺經費和人手而沒法推展工作，甚至此刻我還得親手打這封信給你，你就一定能了解我是多麼需要慷慨的支援了。」

現在瑪麗要做的就是去接受別人給她的支援。他們安排瑪麗五月赴美，瑪麗請蜜西為她約見紐約的一位名醫。

瑪麗剛寫信給布洛妮亞：

我的眼睛近來很弱，而且恐怕沒法可治。至於我的耳朵，深受持續而有時嚴重的耳鳴之苦。我很擔心這會影響工作，甚至讓我沒法工作。這些病症也許與鐳有關，可是沒法確定。

這是我的煩惱，別跟人說，我尤其不願傳出這方面的傳言。

鐳可能是病因？這是瑪麗第一次提及有此可能。不久便查出，她患雙重白內障。

巴黎的人得知美國總統要贈與居禮夫人一份全國捐獻的禮物，報社和教育部為之騷然。該怎麼處理這事？

教育部長小心翼翼的徵詢瑪麗，願不願接受榮譽勳章。出於對皮耶的忠誠，瑪麗再度拒絕。報社的年輕記者貿然質疑：「居禮夫人近來有何成就？」遭到總編輯的斥責，各報不約而同的採取了感性、充滿愛國氣息的筆調。

《全知雜誌》計畫為瑪麗安排盛大的送行儀式。瑪麗表示疑慮，該雜誌馬上保證，儀式中也將呼籲法國人捐款給鐳研究所，這會對法國科學發展及其中主要人物都有助益。

這位主要人物同意了。同意函，還是她親手打的字。

一九二一年四月二十七日，法國科學界菁英聚集在歌劇院，為瑪麗送行。她進場時，掌聲歷久不息。著名女演員伯恩哈特撐著義肢朗誦「居禮夫人頌」，佩蘭和雷高德分別致賀詞。

至此，蜜西至少已經做到一件事：她間接促使瑪麗重建在法國的聲譽。

幾天後，蜜西引領瑪麗和女兒登上「奧林匹克號」汽船，輪船公司董事長親自接居禮夫人去她的客艙，那是通常給新婚夫婦用的套房。

在越洋之旅中，瑪麗大部分時間就待在這間艙房裡，擔心著彼岸等待她的是什麼樣的光景。

第二十章

瑪麗第一次接觸新大陸，很不愉快。以前瑪麗沒有開過記者會，雖然在船上蜜西跟她說過一些情況，可是到時候還是手忙腳亂。瑪麗還天真的擬好一份聲明，準備打好字，交給記者，就像她在巴黎應付那彬彬有禮的《時代報》記者一樣

蜜西給瑪麗安排第一次會見新聞界是在上層甲板上。瑪麗一露面，記者們便蜂湧而上，這在今天看來十分正常，當時卻把她嚇壞了。她蜷縮在椅子上，緊抓住手提包，帽子給碰掉，露出白髮。攝影師不停按下快門，鎂光燈閃得瑪麗的眼睛都睜不開，記者則七嘴八舌的詢問她的私生活。她緊閉著兩唇，自始至終不發一言。

碼頭上人聲嘈雜。許多人聚在那兒，等了好幾個小時，要瞻仰這位發現鐳的大人物，「人類的恩人」。一支管樂隊輪番吹奏法國、美國和波蘭的國歌。女童軍列隊高唱迎賓曲，還有許多不同的歡迎隊伍搖旗歡呼，由三百位波蘭裔婦女組成的代表團更揮舞著紅白兩色的玫瑰。

瑪麗全不理會這些洋溢的熱情，連揮個手也不曾，只顧低著頭走下踏板，鑽進卡內基夫人為她準備的大轎車，像逃亡似的走了。留下仰慕者不知所措的站在那兒，心裡疑惑：居禮夫人是不是不喜歡美國？

蜜西在《描繪》雜誌製作的居禮夫人專輯中形容她「具有罕見的美」，是「一尊希臘雕像」，臉龐「圓潤可喜」。然而其他記者看到的卻不是這麼回事：她兩肩

無力、背脊彎曲、皺紋滿額，實在是一點也不年輕了。

報紙上刊出的照片說明他們所見才是實情。殘酷的事實擺在眼前：她滿臉滄桑之色。

所以，居禮夫人並沒有風靡美國；不過她的成就更大：她觸動了美國人的心。

在這樣一個以貂皮大衣為社會地位象徵，女性以為只需放言高論便可促成男女平權法的國度，忽然出現這麼一位布衣荊釵的學者、羞怯瘦小的女人、風塵僕僕的訪客。記者們把瑪麗團團圍住，她卻什麼也不肯說，他們只好報導她的沉默……，這場演出太反常，反而引起震撼。

再看看瑪麗付出怎樣的代價！為了從號稱金元王國的美國手中得到一克鐳，她工作的辛苦不下於第一次從瀝青鈾礦中萃取同樣的一克鐳。

瑪麗馬不停蹄的走訪一個又一個的女子學院，赴一場又一場的宴會，從卡內基音樂廳到華爾道夫大飯店，從西點軍校到自然史博物館，熱情的仰慕者把她的手握得脫臼。不到一星期，她已經累得要死，然而事情才剛開始呢。

瑪麗怕自己沒來得及赴白宮見美國總統就先累倒，便分派女兒代她參加一些為自己舉辦的宴會。那些有錢的捐助者不求別的，只希望居禮夫人在他們的客廳裡坐一個小時。

伊雷娜在這些宴會上的表現比她母親更差。她灑脫不羈、唐突直率、衣著不當，又明顯的沒有興趣。而夏芙，雖然才十六歲，卻很討人喜歡。她戴一頂漂亮的帽子，周旋在和她一樣不懂物理，卻喜歡爵士音樂的人之間。這個「眼裡閃著光芒的女孩」終於表現出比伊雷娜更有用的地方。夏芙當然極為滿意。這個不喜歡數學的小妹妹在巴黎不見得很快活。

白宮的接見大典定於五月二十日舉行。十九日，在紐約參加完最後一場酒會之後，蜜西來到瑪麗的旅館房間，要給她看一份文件，是次日要隨鐳一同交給她的協議書。

兩個女人這時都很累了。瑪麗戴上眼鏡，細讀協議書，然後平靜的說：「要加幾個字。」

瑪麗要的是什麼？是更明確的說出她可全權處理這一克鐳。瑪麗怕什麼呢？怕死，怕她死後鐳的去處不明。瑪麗要求一旦得到這一克鐳，她便有權轉交別人，成為居禮實驗室的財產。

自從皮耶過世，瑪麗遭遇繼承問題之後，她便很留心這事。又由於自認死亡就在眼前，她要防止身後再起紛爭。

蜜西同意，協議書要修改。但是新添的條文要請律師過目。

那就找個律師吧，瑪麗回答。

還要徵得捐助人的同意，蜜西說。

那就和他們連繫吧，瑪麗回答。

當然。蜜西找到一位律師，照居禮夫人的要求修改條文。她也找來兩位女士，代表捐助人行使同意權。其中之一便是後來的柯立芝總統夫人。一切都照瑪麗的期望辦妥。這時候已是深夜，但瑪麗仍然問起：續到的捐款如何使用？事實上，捐款數字已經超過購買一克鐳所需的十萬美元了。

那天晚上，瑪麗．居禮鐳基金會成立了。但是參與出力的幾位美國女士都不太愉快，覺得居禮夫人絕對不像她們原先以為的那樣一個人，她們開始產生許多科學家對瑪麗抱持的不滿。瑪麗一點也不怯弱，相反的，她堅持不懈。問題沒有解決，便不談下去。而多出來的五萬多美元也就凍結在銀行裡好幾年。不過我們當然想像得到，後來還是瑪麗獲勝。

白宮的酒會上冠蓋雲集，各國大使、法國與波蘭裔的人士列隊向瑪麗致意。她的手臂仍因脫臼而吊著肩帶，由女兒操法語、英語和波蘭語代為答禮。瑪麗身上穿的，還是十幾年以前她第二次領取諾貝爾獎時所穿的那襲黑色鑲花邊禮服。

哈定總統個性開朗但不甚有原則，他能入主白宮乃因共和黨內部分裂，像他這樣稜角不分明的人，反能讓每個人接受。哈定跨入政壇也是他的妻子鐵腕強拉所致，他曾說他根本不適合當總統，也不該當。能這麼說，至少表示他有自知之明。

哈定陳腔爛調的恭維了瑪麗一番，說她是「鐳的靈魂」，一位「高貴的女性、忠實的妻子、有愛心的母親，除了工作成果輝煌之外，更善盡一個女人的所有職責」。哈定為她掛上懸有金鑰匙的絲帶，是桌上一隻小木盒的鑰匙。木盒內部鍍鉛，重五十公斤——其實是五十公斤又一克，那一克是鐳。

之後有更多場的午宴和酒會、演講和聚餐。瑪麗搭乘火車和巴士分訪費城、波士頓、匹茲堡、水牛城和芝加哥。在歡迎她的群眾中，可能有些年輕工人來自一家鐘錶加工廠。他們用一隻畫筆沾了鐳和釷，描繪鐘錶面的數字。他們習慣用舌頭把畫筆吮尖。大部分工人幾年之內就死於咽喉癌。到一九二四年，才由一位紐約的牙醫師發現此病的原因，但是對於這些病人來說，已經太遲了。

我們現在知道，鐳和其他放射性金屬雖能摧毀癌細胞，卻也能致癌，因為它們同樣傷害正常細胞。可是在一九二一年，還沒有人體認到這份危險。

蜜西請醫生給瑪麗檢查身體，查出她有低血壓，要她多休息。其實在這趟訪問中，更累的是那拖著一雙短腿跟她東奔西跑的蜜西。蜜西和瑪麗一樣鞭策自己，不肯稍息，可是現在身體實在受不了了。這一番勞累引起蜜西的結核病復發。

而瑪麗，也差不多到了要在歡迎的群眾面前昏倒的地步。

一家報紙的標題上便這麼說：「太過熱情！我們曾經差點看殺霞飛元帥（Marshal Joffre，第一次世界大戰期間法國元帥），現在又要害死居禮夫人嗎？」不過，得要說明，美國科學界可一點也不熱情。

雖然在二十世紀初期，美國科學界表現並不出色，戰爭引發的很多問題卻帶動起科學界的活力（注）。

大部分的基礎研究工作是靠私人基金資助的，卡內基和洛克斐勒是主要捐助人。居禮夫人來美國幹什麼？來分食基金大餅。卡內基已經慷慨的幫了她很多忙。她拿回法國的愈多，美國科學界剩下的愈少。再說，這位女士十年來沒什麼成就，有什麼理由為她大事喧嘩？

注：第二次世界大戰對美國科學界有深遠影響。一九〇一到一九三八年間，美國有十二人獲諾貝爾物理、化學、醫學、生物等獎；一九三九到一九七六年間，卻有八十八人獲獎。

有幾所名校，包括耶魯和哥倫比亞在內，授予瑪麗科學博士榮譽學位，但最古老也最傲慢的哈佛全無表示。哈佛物理系全員反對接納瑪麗，她的宿敵包特伍自是其中之一。包特伍從不諱言他認為瑪麗在科學上既無價值，個性又極惹人厭。

不過，包特伍後來還是與瑪麗見面了。那是瑪麗應美國化學學會之邀，花了兩小時參觀史龍實驗室。這次會面，他發現瑪麗「動人」、「非常平易近人」。他好像到這時才發現瑪麗「對科學問題極感興趣」。他過去所有的判斷看來都不對了。

除了價值十萬美元的鐳之外，瑪麗此行募集到價值二萬二千美元的釷和其他稀有金屬，還有五萬二千美元的款項（捐款還源源而來），外加各種儀器設備。居禮實驗室從此真的成為她夢寐以求的物理學與放射性研究的聖殿，足堪與其他國家的頂尖實驗室媲美。又靠著蜜西以後幾年的多方張羅，捐款持續不絕。總之，瑪麗此行大獲全勝。

瑪麗又口述自傳（一本枯燥乏味的自傳），賺進五萬美元的預付版稅。蜜西答應她的事都做到了，而且還超出很多。

瑪麗搭汽輪返法，在一群攝影記者的圍觀下，兩個女人道別。瑪麗輕聲呢喃：「讓我再看你一次，我親愛的、親愛的朋友。這也許是我最後一次見到你了。」

她美麗的灰眼睛，水晶體一天比一天黯淡，她相信自己不久就要瞎了。

瑪麗和蜜西相擁而泣。

不過，七年後，這兩個身體都很衰弱的女人還是在白宮重逢，那是從另一位美國總統手中接受美國人民捐贈的又一克鐳，是給波蘭的。

蜜西此時已是紐約《前鋒論壇報》星期增刊的總編輯，她患惡性腫瘤，曾接受實驗性的放射線治療。

瑪麗則三度為白內障開刀，但她仍奔波訪問荷蘭、巴西、義大利、丹麥、捷克、西班牙、蘇格蘭和波蘭等地。日內瓦更去了好幾次，出席國際聯盟會議，並赴比利時參加索爾維會議。

蜜西和瑪麗有一個共同的特質：絕不服輸。

一九二一年七月二日，居禮夫人抵達巴黎。沒有鮮花，沒有鎂光燈。等著她的只有三個人：一位是實驗室助理，他立刻接去那寶貝鐳盒子；另兩位是記者，他們問居禮夫人同樣一個問題：「你對卡龐捷（法國拳擊手）和鄧普西（美國拳擊手）之戰的看法如何？」在美國臨上船之前，記者問她的也是這個問題。她枯澀的回答：「沒有意見。」

幾年之後，瑪麗在柏林火車站巧遇鄧普西，因而再度有機會比較兩種不同類型的盛名。她寫信給女兒：「月臺上聚集的人圍過來，向拳擊手鄧普西歡呼，他和我同一節車廂。他似乎很高興。歡呼鄧普西和歡呼我究竟有何不同？在我看來，不管歡呼的對象是誰，這種方式都不怎麼值得讚賞。」

的確如此。不過瑪麗又說：「我還是不太明白，怎樣可以不把一個人和他所代表的理念混為一談。」

瑪麗的餘年多半用來呈現一種理念：科學是進步的唯一泉源。這份理念簡單有力，但至今未獲接受。

第二十一章

瑪麗在美國四處募捐之時，法國銀行世家出身的羅斯柴爾德（Edmond James de Rothschild）也開始設立科學研究基金，他撥出一千萬法郎，獎勵年輕的科學研究人員。後來朗之萬的一個沒有大學文憑的學生，就靠此獎金進入居禮實驗室，開展他的研究生涯。他的名字叫約里奧。

老慈善家想親眼用顯微鏡看看所謂的「布朗運動」，佩蘭便帶他去看。這時的佩蘭紅髮已經轉白，但他的熱情有勁一如往昔。他領著羅斯柴爾德一步一步登上位於索邦頂樓的實驗室，老慈善家不禁感慨：「科學在法國的處境顯然很差。」於是決定捐出五千萬法郎，成立一所物理及化學生物研究所，由佩蘭、梅爾和佑爾班分任所長。

博雷爾則在洛克斐勒基金會的資助下，成立「龐加萊數學及數學物理研究所」，博雷爾自任所長。

博雷爾和朗之萬一樣，常被朋友譏為雜務太多；但他更進一步，竟然當選國民議會議員。他說他再也不要聽人討論高等數學，戰後更遠赴中國旅行。

博雷爾是一九二四年當選議員的，當選後，當然特別關注科學。他在國會發言指出，若無科學研究，那來現代工業？那時潘勒韋已是眾議院議長，赫里歐則任參議院議長，布魯姆是社會黨黨魁。這幾位當年師範學校的老同學，聯手讓國會通過徵收工業稅用以資助科學專業訓練的法案。

次年，博雷爾當上海軍部長，這時候，朗之萬正捲入科學史上一次嚴重的爭執中。

從一九〇九年起，朗之萬便在法蘭西學院開「相對論」課程，並曾邀請愛因斯坦來演講這個題目，但愛因斯坦因戰爭爆發而未成行。

戰後朗之萬重提邀請。此時廣義相對論似乎已獲證實，但大部分的物理學家和數學家，仍然頑固抗拒如朗之萬所說的「開啟一扇通往永恆的新窗」。一九二一年愛因斯坦獲諾貝爾獎時，評審委員提都沒提「相對論」一詞。

為了促使法國科學界認識愛因斯坦的新理論，朗之萬逕自邀請愛因斯坦來巴黎作一系列演講。這是一九二二年，萊因河兩岸的民族主義意識高漲。德國科學家遲至一九二七年，索爾維會議第三次召開時，才應邀參加此會。愛因斯坦雖曾於一九二三年接到邀請，但因比利時方面不准其他德國人參加，他也就拒絕出席。

十八歲起便歸化為瑞士公民的愛因斯坦，第一次世界大戰期間除科學外並未積極參與其他活動。一九一四年，九十三位德國知識份子（包括普朗克在內）曾聯署發表一份「致文明世界書」，為德軍侵犯比利時領土辯白，說德國如此做不過是要維護德國文化。

尼柯萊教授則起草一份相對聲明，呼籲各交戰國的大學教授通力合作，保衛歐洲前途，還提議成立「歐洲聯盟」。此聲明由三人簽署，愛因斯坦是其中之一。他和英國的羅素、法國的瑪麗．居禮等，都很驚訝於那麼多素來篤信心靈最高價值的知識份子，竟然在轉瞬間變成嗜血的人。

愛因斯坦接到朗之萬的邀請時，德國外交部長拉特瑙（Walter Rathenau）認為他該去，雖然如此一來他必定成為德國民族主義者攻擊的目標。

愛因斯坦也成為法國民族主義者攻擊的目標。他們激烈抗議一個「德國猶太人」來巴黎，宣稱要阻止他演講。所以愛因斯坦第一次露面，在法蘭西學院演講，還勞費警方出動保護。便衣警察混雜在聽眾之間，聽眾當然包括瑪麗、佩蘭、博雷爾和潘勒韋等。愛因斯坦也向法國科學界作了幾次學術演講，並且在博雷爾家中會見一些法國政界人物。離法返德之時，愛因斯坦覺得此行有助於國際間的和解。

但愛因斯坦返回柏林後，卻得知民族主義者打算暗殺他，於是閉門不出。拉特瑙隨之在六月間遭暗殺身亡。

幾個月後，愛因斯坦回請朗之萬到柏林。兩人參加一項聲援民主與和平的集會，但因擔心民族主義者暗算，柏林市長不許他們發言。

愛因斯坦一生不熱中政治，朗之萬卻因提倡現代物理學之故，涉入政治愈來愈深。這也許與他兩度落選科學院院士不無關係。

朗之萬是和平主義者，曾力促各國共同維護和平。外表看來仍像一位騎兵隊長，素來想當演員的他，現在經常在各種場合演講，很受歡迎。

一九二七年，朗之萬主持巴黎第一屆反法西斯大會，八千人到場參加。瑪麗顯然沒有去。她堅持不參與政治自有其理由：社會進步的動力是什麼？朗之萬說是人民的力量，瑪麗卻認為是科學的力量，而科學家要找出的正是這力量。我們訓練出愈多具有科學頭腦的人，愈多人獻身科學研究，便愈有助於社會進步。瑪麗對革命不存浪漫的幻想——這幻想早在她二十歲時便破滅了。

瑪麗應西班牙政府之邀前去訪問時，曾寫信給伊雷娜說：「此地的人民熱愛他們新建的共和國，看他們對未來充滿信心，真令人感動。我衷心盼望他們將來不要太失望。」

伊雷娜後來寫道：「母親沒有活著看到法西斯主義者蹂躪西班牙，否則她一定會說法西斯主義者是罪人。但她會不會認為西班牙政府太寬待他們？我不知道。她一向反對為一時權宜，而違反重要原則。」

巍然不受任何人影響的瑪麗，卻相信「是對的就該做，任何理由都不能改變」。她一生只簽署過兩份請願書，第一份是我們談過的英國婦女參政權請願書，另一份是一九二七年的薩柯和萬澤蒂案請願書（Sacco and Vanzetti，注）。

瑪麗是心志極其堅定而又獨立自主的女性。

瑪麗不肯支持朗之萬的政治立場，卻支持了佩蘭，原因是佩蘭為科學向這位老朋友求助。

佩蘭說過：「生命短暫，一個人不可能打所有的戰爭。」他選擇打研究之戰，不是為了個人利益（他已爬到大學裡的最高職位，又於一九二六年獲得諾貝爾物理獎），而是為了下一代，也為了祖國。有兩件事讓他憂慮。第一，法國迄未接受現代物理學的洗禮，在歐洲科學界的地位落居第三，甚至

注：薩柯和萬澤蒂是移民美國的義大利人，一九二一年被控殺害一位出納員，雖無證據，仍被判處死刑。當時正值美國「恐共時期」，社會黨指責陪審團是由於兩人信奉無政府主義而將他們定罪。此案纏訟六年，引起全世界注意。法國知識界介入此事，所爭論者並非二人有罪與否，而是在此情況下應否判處死刑。一九二七年，兩人終遭處死，美國民眾為之震撼，有些自由派人士由此轉而同情蘇聯，保守派人士則認為是既有秩序的一大勝利。

第四。

第二，佩蘭認為法國有四分之三的科學人才憑空流失；年輕人不願走學術研究這條路，因為收入太微薄。

佩蘭在索邦和政府方面都得不到聲援，轉而遊說瑪麗幫他的忙。瑪麗這時形象愈來愈鮮明，「在外表與精神上都像一個苦行僧」。在瑪麗的協助下，佩蘭終於爭取到成立極其著名的「國家科學研究中心」。

他們對科學的信念，無疑是有其過分理想的一面。但是如果說真的有什麼別的方法可以稍減人類的痛苦，至少在那時還沒有人提出來。

第二十二章

瑪麗從美國回來後，寫信給布洛妮亞：

我這一生磨難太多，已經不覺其苦了。如今只有極大的災難才能動搖我心。我學會認命，努力在灰暗的日常生活裡尋找一些小小的樂趣……。我告訴自己，可以建造房子、種樹蒔花，看著它們成長，其他的什麼都不想。我們的餘日無多，何必自苦？

認命啦，生活的智慧啦，瑪麗又在哄騙自己了，就像她在二十歲上，假裝自己唯一的野心不過是找個家庭教師的工作。

單看這封一九二一年八月寫的信，我們可能以為在往後的十三年裡，瑪麗只是沉浸在往事裡，鎮日與花草為伴，心情如古井不波。

事實上，瑪麗不僅一如往常的要塑造自己的未來，甚至不能想像自己終將退出舞臺。「每次聽到別人談論我的成就如何卓著時，那語氣彷彿我已經死了，我彷彿看到自己已經死了。」她告訴夏芙。

僅僅說她不想死是不夠的。就在瑪麗去世前六星期，她還在忙著監造一座新房子呢。

這樣一個瘦弱女子，一生飽受放射線之害和其他苦楚，憑什麼如此堅強的生活下去？答案是她的熱情與驕傲。瑪麗永不止息的向自己挑戰，也接受別人的挑戰。

瑪麗以自己穿著黑色泳裝時的苗條身材為榮，很中規中矩的照著女兒的教導練習自由式，同時宣稱：「我游得比博雷爾好……，佩蘭游得很不錯，但是我的耐力比他強，對不對？」

晚間與家人玩猜字謎遊戲，瑪麗也是求勝心切，而且真的常勝。

瑪麗的白內障日益嚴重，但是外人不知。她的女兒和姊姊嚴守祕密。沒有人想到居禮夫人快要失明。

瑪麗照樣在索邦授課，只是學生的面孔看不清楚了。講義大綱是用斗大的字寫的，在黑板上寫數字都有困難。

在瑪麗辦公室隔壁的小實驗室裡，度量儀器標識著彩色的大數目字。看書則需要用放大鏡。

醫生決定給瑪麗開刀，她用假名入院。手術後引起併發症，持續出血。好幾週後，她在一天夜裡出院。白內障拿掉了。她寫信給夏芙說：「我沿著碎石路走了兩趟，走得很快，都沒有問題。麻煩的是有雙重影像，因此認不出走過來的人。我每天都練習讀和寫，這比走路要難。」

以後幾個月內，瑪麗又動兩次手術，然後有六年沒事。她一心要恢復健康、恢復視力，好讓自己可以工作、獨自旅行，結果真的做到。

瑪麗的實驗室有四十個左右的研究員，法國的科學家把在這實驗室工作視為重要的經歷。也有些研究員遠道而來——來自蘇聯、巴西、保加利亞、日本等地。他們在法國取得博士學位後，多半返回本國，建立一個相似的實驗室，並且與巴黎保持密切聯繫。

沒有經驗的研究員要從助理做起，伊雷娜起初便是做她母親的助理。約里奧也是如此。經驗成熟之後，便獨當一面。天分特別高的還能擁有自己的專用設備，有權挑選研究題目，只要不超出放射性範圍之外便可。

在瑪麗的主持之下，鐳研究所成為舉世罕有的放射性實驗室，唯一能與它抗衡的是拉塞福主持的卡文迪許實驗室。一九一九年，拉塞福以阿爾發射線撞擊氮原子核，使之轉變成氧原子。他於是發現了任意改造原子核的祕密，核子物理學隨之誕生。大家期望得出重大的實用成果，例如釋出一種新的能源。

「與此發現相比，」佩蘭寫道：「火的發現在人類歷史上就不算什麼了。」拉塞福同意此說。早在第一次世界大戰之前，他便曾指出放射性元素在武器發展上會產生奇妙而驚人的影響。

與拉塞福同做研究的化學家索迪寫道，這些元素在變化中釋出的能量，無疑可解決煤礦即將耗竭的問題。但是當時的人並不相信。研究原子核的人並非物理學界的主流，而他們自己做研究的態度也「就像是做運動」，或是為了一種美學上的滿足感。他們追求的是純科學這古老的夢想。

瑪麗追求的也是同樣的夢想，這是她最擅長的工作。終其一生，瑪麗在幾件事上極力進取：先是闖進男人專屬的領域，次則在該領域內得到應有的重視，最後是固守她拓建的王國。這種強烈的進取心讓她在競爭中顯得強硬而無情。不過瑪麗一走進實驗室便不是這樣子，她把那份強硬與無情像一件外套般脫在門口了。

實驗室裡的研究員不是瑪麗的仰慕者，也不是她的下屬，而是她的「孩子」。他們一旦加入這個「家庭」，便像是烙上了她的印記。孩子們當然天分有高有低，但都有權得到她的照顧。然而其中有一個最受偏愛，生來就是公主的孩子——伊雷娜。她的天分卻不見得最高。

母親是否真的偏心她？至少有些人這麼認為。有一天實驗室裡起了衝突，實驗負責人何威克猛敲瑪麗辦公室的門，大叫：「豬！豬！」

起因是什麼呢？也許是伊雷娜的態度不佳，又或許是別人不滿伊雷娜升遷太快。也有可能是為了另一位名叫羅森布魯的研究員，有人說瑪麗待他不公。科學家不是聖人。

與任何人群聚集的地方一樣，居禮實驗室裡也出現過嫉妒、互憎、愛情、打鬥等場面，但瑪麗總有辦法讓工作持續進行，並且不斷進步。每一個工作人員都以與她合作為榮。

在實驗室裡，瑪麗的確最為快樂，但不是由於她在這兒有至高無上的權力，她的樂趣全然來自實驗本身。瑪麗喜歡以波蘭語計算，運用她精確巧妙的雙手，把可能的人為錯誤減至最小。這時候瑪麗像是在深海裡潛泳，刺破海水，滑入一個無聲的世界，再也不受上面萬丈紅塵的干擾，甚至連她自己發出的聲息也恍若未聞，只有無垠的快樂、陶醉。

一位曾為瑪麗工作的女士，描寫她在去世前那年工作的情景。那時她已不擔任實驗室的管理工作，而由德比埃爾內接替：

該下班的時候，分離（一種放射性元素）的工作還沒有完成。居禮夫人整晚留在實驗室，晚飯也沒有吃。可是還是不夠，我們於是徹夜工作……已經是深夜兩點了，還有一道程序待做：把液體用離心分離機處理一小時。分離機發出惱人的噪音，居禮夫人卻坐在旁邊，不肯離開房間。她注視著那機器，彷彿她急切的心意可以加快其過程似的。此刻，居禮夫人眼中除了這機器以外，再沒有別的事物存在了——她明天的生活、她的勞累都消失無蹤。她全然忘我，全付心思都放在眼前的工作上。

然而，潛水員總有回到水面的時候。這時候，瑪麗又回復她平素的模樣。從美國回來以後，瑪麗已經成為法國的標竿。瑪麗現在願意忍受各種為她舉行的儀式了，別人向她致敬時，她優雅的接受，宛如皇后。瑪麗視之為一種職業義務，因為她象徵著某種東西。但到底是什麼呢？她為什麼享有盛名，現在已變得很模糊。

大家崇拜、尊敬這位擊敗癌症的「法國女人」，甚至在瑪麗死後給她女兒每年四萬法郎的撫卹金，但是對她來說，放射線治療法的應用純屬偶然，是她工作成果的次級產品。

在大眾心目中，瑪麗有如「醫神」。醫學研究院全票通過聘她為「特任委員」，嘉許她「發現鐳和居禮氏治療法之功」。

致力於放射線治療的居禮基金會慶祝鐳的發現二十五週年，法國總統、各部會首長和各界代表都來參加，擠滿索邦的大講堂。

同時，成千上萬的人在工廠、實驗室、醫院等地處理或使用鐳、放射性物質和X光，均未作適當防護，以致損害健康，一如居禮夫人本人——只不過她的抵抗力實在超強。受害者之一是瑪麗也認識的一位年輕女士，忽然間死於「貧血」。她的工作是在一些藥物中添加鐳和釷。另一位年輕時曾與皮耶、瑪麗一同工作的化學家，這時也因「貧血」致死，年才四十。還有一位瑪麗昔日的私人助理，死於白血球過多症。

這麼多處理放射性物質的人死亡，有幾個國家已經組成委員會，調查放射線的危害。

法國卻沒有這種委員會，而居禮實驗室的不成文規定是：縱然不否認，至少要低估這種危害。打從一九〇四年皮耶在天竺鼠身上做實驗起，研究人員就只用木板或鉛板阻擋直接照射的放射線，連逸散放射性氣體的通風設備都沒有。

瑪麗直到生命的盡頭，始終待鐳如子，不相信自己鍾愛的孩子也會殺人。縱然有人提出證據，她也拒不肯聽。

這位愛子讓瑪麗受盡苦楚，如今也與她的名字並垂不朽，但真正展現瑪麗天分的，只是她獨力提出的一個假設：放射性是原子核內部活動的結果。其餘的，不過是堅持、勇氣和辛勤。

在索邦慶祝二十五週年的典禮上，約瑟夫、布洛妮亞和海拉都抵達現場，他們是從波蘭專程趕來。大家早就看出，只有這位小妹妹實現當年的預言：「我們家人無疑是有天分的，我們當中一定要有人表現出來。」

瑪麗擔心人家會在典禮上表彰她的哥哥姊姊，豈料從頭到尾他們只是坐在臺下，看那曾經排斥她的法國和一度要開革她的索邦向她致敬。

時空的距離沒有讓瑪麗疏遠祖國，那兒是她的根源。她後來又回到波蘭幾次。「這條河，」瑪麗描寫維斯杜拉河：「對我有強烈的吸引力，原因我不甚明瞭。」她筆下的抒情文字，都是為波蘭寫的。

華沙當然應該有一個鐳研究所。布洛妮亞發起籌建運動，廣發小冊子，要國人「為瑪麗・斯克洛道斯卡居禮研究所買一塊磚」。在這件事上，蜜西再度建功。

第二十三章

蜜西赴義大利訪問墨索里尼，返美途中道經巴黎。瑪麗去看她。蜜西顯得很疲倦。蜜西上了年紀，丈夫已死於肺結核，工作又不是很有保障。這是一九二八年，美國的景況大不同於一九二一年，她的理想主義已經消退。蜜西的朋友柯立芝，在哈定總統猝死之後繼任總統，並於一九二四年當選連任。柯立芝宣稱：「美國是商人的國度，需要一個商人政府。」

他於是決定不再出馬競選。蜜西來訪時，美國正舉行競選活動。

與商人相較，美國的知識界顯得相當悲觀。克魯奇（Joseph Wood Krutch，美國作家及批評家）寫道：科學毀掉人類對道德與人性尊嚴的信心，也毀掉人生。李普曼（Walter Lippmann，美國新聞評論家）則認為人道與人性根本不能滿足人類的需要。不時有人寫文章批評美國的拜金主義。

蜜西深知所處環境，她實事求是。波蘭需要鐳，要激起美國民眾熱心捐獻將不是問題，只要瑪麗願意親自再跑一趟美國，一切都好辦。

但是蜜西何必為此奉獻心力呢？她清楚的說明過：「我已不認為人生有什麼值得費心的事，但是只要有一個偉大的目標，即使要我做很卑微的事，也能給我很大的心理報償。」她和瑪麗一樣，一旦開始做什麼事，就一定要成功。

瑪麗再訪美國自然不成問題，但是瑪麗希望由布洛妮亞陪同，以「波蘭女性」

的身分前往。

「我堅持這一點，」瑪麗說。「不行，」蜜西溫和的回答。

「要，」瑪麗說：「而且，我在冬天常常生病，我姊姊是醫生，我要她照顧。」

「不行，」蜜西的語氣溫和但是堅決：「這次我們要把波蘭和法國都擱在一邊。你要以居禮夫人、鐳之子民的身分前來，接受純粹為她而捐獻的款項。」

瑪麗投降了。

蜜西說，為確保此行成功，政界要人都得應邀參加。她預言共和黨籍的胡佛會在大選中獲勝，「他仰慕你，」蜜西說。她勸瑪麗拍發賀電給胡佛。

「我從不參與政治，」瑪麗回答。

「胡佛不是政客，」蜜西寫道：「他是信仰人道主義的學者。」

其實，胡佛並非學者，他是工程師，在第一次世界大戰初起時，負責運送救濟物資到比利時，任務極其圓滿，因而獲任歐洲救濟暨重建委員會主席。

胡佛之後當選美國總統，瑪麗真的向他致賀，而他也投桃報李，邀請瑪麗訪問白宮。

「我不要接受訪問，不要人拍照，不要到處拜會，」瑪麗說。

「這些你都不必做，只要參觀實驗室、參加科學會議，出席小型的官方招待會就好。」蜜西回答。後來事情果然如她所言。

美國總統的支持是關鍵。他親手交給瑪麗美國人民捐贈的購買一克鐳的款項。和上次一樣，收到的捐款超過所需。戴上了厚眼鏡的瑪麗比過去更讓人感動，她再度贏得蜜西精心挑選的商人的心。

其中一位是聯邦儲備局（中央銀行）委員兼通用電氣公司總裁楊恩（Owen D. Young）。他幫瑪麗殺價，以最低價買得所需的鐳，而將餘款妥善投資。結果是瑪麗帶回法國的鐳比預期的多，另外還有多種放射性礦石的樣本，給實驗室的免費新設備，以及給研究員的獎金。

瑪麗此行有如國家元首私巡，避開了新聞界的追蹤。她寫信告訴伊雷娜自己是怎樣溜進美國的：「他們讓我走便梯，躲過守候在機場正門的六十位記者。接著從紐約飛車往長島。一路上由警察騎摩托車開道，我們便像消防車趕赴火場般風馳電掣。整個過程都很有意思。」

次年，蜜西告訴瑪麗：「為了讓你的工作較為輕鬆，福特先生希望有榮幸贈與你一部汽車，供你在法國隨便使用。莫西夫人（Henry Moses）則說她很願意派一個司機給你。」

瑪麗接受了。

第二十四章

蜜西教給瑪麗公共關係的重要，她從此成為科學推銷員，接受所有可能有用的邀請。一次赴捷克布拉格之行中，她寫信給伊雷娜：「我對生活已無知覺，說不出什麼明智機敏的話。我問自己：人類社會究竟有什麼基本的缺陷，以致大家各憑信念，卻又彼此衝突？」

伊雷娜陪她去巴西，夏芙陪她去西班牙，在日內瓦則得到愛因斯坦的熱誠接待。瑪麗是為國際聯盟而赴日內瓦。她是國聯分支機構「國際知識份子合作委員會」委員，不久以後還當選會長。愛因斯坦批評這委員會：「其委員可能很有效率，委員會卻是我所參與的組織中，最沒有效率的一個。」

可是瑪麗一旦著手做什麼，就再也不能動搖。「這個組織再不健全，也有值得支持的偉大之處。」她對夏芙說。

瑪麗努力讓委員會通過幾項條款，讓「全世界科學工作的無政府狀態」稍有秩序。又在冗長辯論之後，讓委員會承認科學家有權擁有自己發現的成果。

可是這只是原則，要規定適用狀況時，相持不下。科學家擁有自己的發現，所為何來？牟利？多可怕！控制此成果的使用方式？不能接受！科學屬於每一個人。這一點大家都同意。可是科學家怎樣能有新發現？他們需要錢，需要愈來愈笨重的機器、愈來愈多的設備和助理人員。在倉庫裡土法煉鋼的時代已經過去，科學家也不一定要天才才能當。

愛因斯坦可以不用設備，只要有紙和筆，他甚至認為「有心鑽研理論物理學的人，最理想的職業是做燈塔管理員」。

可是像法國建造的大電磁鐵（用以探測原子）這種東西，在一九二〇年代要花費將近兩百萬法郎（依現值約為七、八百萬法郎，亦即一百萬美元）。

科學家開始依合約工作。第一份研究合約是一九三九年簽訂的。約里奧和小佩蘭（佩蘭的兒子法蘭西斯·佩蘭，這時也成為物理學家）以及另外幾位研究夥伴，想找出釋放核能的方法。他們簽署協約，由礦業工會提供研究所需的鈾，而由國家科學研究中心供應研究設備及經費等。一旦研究有了成果，所得利益即由以上兩個單位平分。科學研究中心掌握科學新發現的支配權，所得利益也自動轉投資到其他研究計畫上去。

這種方式具體實現了瑪麗·居禮的期望：科學家個人不獲利，但可以得到研究所需的資源，而科學成就的實質利益也有一部分用在科學上。

一九三〇年代初，開始盛行一種辯論會。一九三三年，瓦萊里請瑪麗赴馬德里主持一場辯論會，主題是「文化之前途」。參加辯論的大都是各國的作家或藝術家，瓦萊里形容他們是「心靈的唐吉訶德，在與風車作戰」。

他們大聲疾呼：文化遭逢危機，事事崇尚規格、專精，創造力不得發揮，科學也危害到創意。這樣的指摘，瑪麗當然不能接受。

我相信（瑪麗宣稱）科學極美。實驗室裡的科學家不僅僅是個工匠，也像個孩子，目睹自然現象，像聽到神話故事般入迷。不可誤解科學的進展，以為不過是些裝置、機械之類——這些東西當然也自有其美。……我也不認為探險精神有消失之虞。若說我具備什麼重要的特質，那便是這份探險精神，根深柢固而又與好奇心密不可分。

遠赴各地出席會議，對瑪麗來說常是苦差事，因為引起她興致的人或事極少。好在她仍熱愛旅遊，往往從會場失蹤，去尋幽訪勝。可嘆在她五十年的生命裡，太過與世隔絕，幾乎什麼都沒見過。

瑪麗從天涯海角寫信給女兒，描述所見所聞。她當然不是作家，形容南十字星「是極美的星座」，西班牙的艾斯柯里爾博物館「讓人印象深刻」，格瑞那達的阿拉伯宮殿「很美」。

第二次美國之旅不大一樣：這次瑪麗參觀各式各樣的實驗室，看到幾年來的變化。例如，哥倫比亞大學的物理系占據了一棟十三層的大樓，以研究原子為要務。瑪麗自己的實驗室，包括地下室也不過三層。

鐳研究所雖然相形寒傖，卻有過一項重要成果，讓瑪麗十分開心，那是伊雷娜和她的丈夫約里奧於一九三三年發展出一套非常細密的化學程序，從做為藥劑使用過的氡氣裡，提煉出世界上最純、放射性最強的釙。

鐳研究所不分散力量，集中資源運用在最強的一點，結果差一點發現中子。但是查兌克搶先一步。

在研究中子的過程中，他們也曾幾乎得出一個次要發現，不幸又有人搶在前面。伊雷娜和約里奧提出的一些現象解釋也受到部分科學家的懷疑。但他們再接再厲，用釙放射的阿爾發射線撞擊鋁原子，結果得出物理學家多年以來夢寐以求的反應——人工放射線。他們製造出人造放射性元素。

他們高興的在鐳研究所地下室歡呼雀躍，然後派人去通知當時在家裡的瑪麗。

瑪麗的反應如何？她去找朗之萬，兩人同赴實驗室，聽約里奧解說一切。

瑪麗用她灼傷的手指拈起盛有人造放射元素的試管，放在蓋格計數器（Geiger counter）前測度輻射性。計數器劈啪作響。瑪麗的臉孔一亮。「我永遠忘不了，」約里奧說：「她臉上展露出來的無限喜悅。」

科幻小說家威爾斯受到索迪發表的科學論文啟發，在所著《解放世界》（*The World Set Free*）預言小說中預測，人造輻射物將於一九三三年發明，還說有一天「原子炸彈」會以火和輻射力摧毀城市。他形容這第一次的原子彈爆炸「讓世界變成一片紫紅色的火海，震耳欲聾的炸裂聲穿牆越壁而來。舉目所見，似乎就是一個巨大的紫紅色火球，像一隻發瘋的野獸。在原子彈的威力下，國際問題顯得微不足道。顯然，原子彈和繼之而起的更強力炸彈，可以輕易毀掉所有的人際關係和各種組織體制。」他預言：「用一隻手提袋便可裝下足以摧毀半座城市的炸彈」這時刻必將到來。

可是在這部一九一三年出版的小說裡，威爾斯也預言，一場恐怖的原子戰爭之後，全世界會結合成一個國家，利用原子能改造社會、改造大自然，讓全球皆受其惠。所以，不要絕望。

次年，伊雷娜和約里奧因製成人造輻射物而獲頒諾貝爾化學獎時，瑪麗已死於輻射能，未及眼見三十年前她和夫婿共同領獎的景況重演。

不過，那天在斯德哥爾摩的頒獎典禮上，伊雷娜並不像她母親當年坐在觀眾席上，聆聽丈夫演講，而是高坐演講臺上。而且，首先站起來致詞的就是她。

第二十五章

瑪麗．居禮若生的是兒子而非女兒，兒子的日子一定不好過。對於做兒子的而言，有一個出名的父親勉強還可忍受，但有一個名聞遐邇的母親可不一樣。

夏芙就承認母親的放任讓她不知所措。她寧願有一個獨斷的母親，就算只為了有個背叛的對象也好。有了選擇的自由，她反而不知該選擇那一行業。

瑪麗對於自己所生的這個漂亮女孩也不知怎麼辦才好。這天生優雅而富才華的女孩，是瑪麗陌生的類型，有一段時期夏芙似乎有意做個鋼琴家，瑪麗很高興。可是夏芙不能承受做個職業鋼琴家必須的孤獨、克己和苦練。

伊雷娜就不一樣。可是為了與妹妹爭寵，伊雷娜發展出與瑪麗之間的一種特殊關係。

一九二〇年代，居禮家的情況是：夏芙是家中的孩子，瑪麗一如往昔是母親的角色，伊雷娜卻有如家中的男主人。這對瑪麗來說是很好的安排，讓她的情緒得以穩定。

瑪麗全然不是個巾幗鬚眉。她的勇敢、頑固、刻苦都純然是女性的。瑪麗長期忍受身體上的痛苦，同時具備溫柔與辛辣兩種面貌，對土地的親近，在在呈現出她的女性特色。她素來景仰同時代的法國女作家科萊特。

唯一與同代或下一代女性截然不同的，是瑪麗從不懷疑自己。她當然知道恐懼的滋味。事實上直到她在索邦教的最後一堂課，她還是會怯場。只是憑藉對自己價值的理解和深信不疑，支撐她度過一切。這正是瑪麗卓然不群之處。

一般人也許以為瑪麗需要男性讚許她的工作成就，例如皮耶的讚許。其實她完全不需要。

但在自信與獨立之外，瑪麗也能享受傳統女性的樂趣：做果醬、親自哺乳、陷入情網、需要男性。瑪麗曾經暱稱為她監管美國捐款的楊恩為「我的保護人」。換做是男性，在高齡六十且負盛名的情況下，會稱呼一個能幹的朋友「我的保護人」嗎？可是另一方面，在科學論戰中瑪麗是絕不接受別人充當她的「保護人」的。

伊雷娜後來取代皮耶的地位，在一段時期裡形成與瑪麗搭配的狀態。兩姊妹個性不同，與母親的關係也不同。伊雷娜敘述：

我習慣早起，做好早餐，用餐盤端到母親床邊。這是寧靜的時刻，我們談論文學、科學或別的。

母親年輕時涉獵廣泛，喜歡讀詩、記誦在心。每當我讀到雨果、魏爾倫、吉卜林等人的好詩時，她總是聽我覆誦、品評優劣。有時候，我從書房裡拿出一本塵封已久的書，放在我桌上準備閱讀，母親卻忽然很想重溫，拿到她房裡去。

晚間我若去觀賞古典戲劇或歌劇，回家後總愛坐在她床邊，與她談論演出種種，直到夜深。

夏芙記錄的是另一種狀況：晚餐後她準備出門去聽音樂會，居禮夫人會走來，躺在她房間的長椅上，看她打扮。她們對於女性的衣著和美的看法迥不相同。「哦，乖女兒，這高跟鞋多嚇人哪！我才不相信女人能踩著這樣的高蹺走路！還有，你這露背的新款時裝是怎麼回事？露胸還可以，背後露這麼多怎麼行？一來不像樣，二來會得肺炎，三來難看——縱然前兩項你不在乎，這第三項總該說動你了吧？」

最痛苦的時刻是往臉上塗脂抹粉的時候。瑪麗會忠實嚴格的評鑑夏芙。「原則上我不反對塗塗抹抹。我只能跟你說：我覺得很可怕。為了讓我自己舒服些，明天一早趁著你還沒來得及把這些鬼東西塗在臉上以前，我先到你床邊來親吻你。現在我先走了，孩子，晚安。哦，對了，你有沒有什麼書借我看看？」

寫信給伊雷娜時，瑪麗會說：「我很高興你滿意自己的偏磁研究。釙對於鎳又產生了什麼作用呢？」

而對夏芙，瑪麗會說：「若是人生的樂趣全來自激烈如愛情的感覺，那我是不能滿足的。」

一九二五年，伊雷娜二十六歲，已經拿到學位，在實驗室裡分擔母親的部分教學工作。一天早上，伊雷娜端著早餐走到母親床前，帶給她一個意外的消息：自己準備結婚。瑪麗問伊雷娜對方是誰。

約里奧加入「皇室」可不容易。他的朋友說，約里奧一輩子忘不了科學界對他這樁婚姻的譏評。

約里奧從物理學校畢業之後，在一所工業實驗室裡接受一段時間的訓練，然後去服兵役。快要退役時，約里奧思索前途問題。進入工業界？沒什麼不好。從事純科學研究？似乎更合他的意。可是靠什麼維生？他不是師範學校畢業，也不可能進入索邦大學。

約里奧的一個朋友，處境類似，去找他們以前的老師朗之萬徵詢意見。那是一九二二年。朗之萬勸他們申請羅斯柴爾德獎學金，又向瑪麗推薦約里奧。

這年輕人去見瑪麗時，還穿著工兵軍官的制服。瑪麗叫約里奧第二天就來上班，他嚇壞了，回答說他還有三個星期才服完兵役。不成問題，「我會處理，」瑪麗說：「我會寫信跟你的長官說。」

第二天，約里奧便成了「實驗室的孩子」。他個兒高高，儀容修潔，是熱情而愉悅的運動員個性。他抽菸很兇，總愛自稱並非知識份子。

當時伊雷娜在科學上的學養遠超過約里奧（以後在化學方面也始終比他強），給予他技術指導，一如指導別人一樣。

三年過去了。這段期間，約里奧為了生活，也在一所私立學校教書，另外兼些別的工作。後來受聘擔任國家科學研究中心的有薪職務。他後來談起伊雷娜時說：

我從沒想過我們會結婚。不過我一直在觀察她，一切就是從觀察她開始的。她臉上表情冷淡，有時候會忘記跟人打招呼。就因此，實驗室裡有些人不大喜歡她。我注視她，看出這別人眼中僵硬如石的女孩，內心極其敏感而富詩意，在很多方面都像是她父親的翻版。我讀過很多有關皮耶．居禮的報導，也和認識他的教授們談過，在他的女兒身上，我看出與他同樣的純潔、敏銳和冷靜。

實驗室內外的人聽說「老闆的女兒」伊雷娜要嫁給小她三歲，英俊熱情的約里奧，頓時謠言蜂起。伊雷娜絲毫不理會閒話。她和母親不同，既不操心什麼「形象」問題，又相當有幽默感。

「有些做丈夫的隨身攜帶太太的照片，」伊雷娜會說：「你們叫弗雷德里克（約里奧）把他皮夾子裡的照片拿給你們看。」照片上是一條特大號的梭子魚，愛釣魚的約里奧用魚叉捕獲的。

伊雷娜以她父親那般的決斷，選擇了自己認為最合適的男子共度此生。伊雷娜很明智。

約里奧則顯然比較為流言所困。十年以後，他才認清自己真愛妻子，雖然原因之一是她是瑪麗與皮耶·居禮的女兒。

不論如何，約里奧的真實感情絕不能瞞過瑪麗的眼睛。訂婚儀式上，瑪麗凝視著這年輕人，提出的唯一要求是不在她面前抽菸。瑪麗誠摯的祝福兩人，內心不無痛苦，因為這意味著她要失去伊雷娜了，他們婚後搬出瑪麗的公寓，不過往來仍很密切。

「這孩子，」瑪麗向老友佩蘭談起約里奧：「火力十足。」在往後的歲月裡，約里奧多次證明這一點。

可是，別人總是稱他約里奧居禮，說明了一般人認定他的方式。

例如在法文字典裡，皮耶·居禮條下注明：物理學家，與妻子瑪麗·斯克洛道斯卡共同發現鐳。而伊雷娜·約里奧居禮則與丈夫弗雷德里克·約里奧居禮並列，注明：有多項科學發現，曾獲各種獎勵。

伊雷娜和她母親一樣，沒能進入科學院的門牆。不過，在伊雷娜的兩度候選過程中，至少沒人指稱她是藉助丈夫的力量開展事業生涯。

瑪麗．斯克洛道斯卡居禮在女性史上出生得太早了些。

第二十六章

瑪麗滿六十五歲，六十六歲了。她的行動仍很敏捷，但美麗的灰色眼睛開過四次刀，不再明亮；臉上滿是皺紋。

瑪麗仍在索邦擔任普通物理學教席，每週一和週三下午五點上課。她也仍然每天早上去實驗室，只不過慢慢把事情交給別人做。伊雷娜接手，瑪麗沒什麼好擔心的，只是不怎麼樂意。

每天傍晚回家，跟著拖鞋，披著外衣（這些日子來總覺得有些冷），等女僕喊開飯的時候，瑪麗在空洞的屋子裡徘徊。鋼琴和乒乓球桌在這大房子裡顯得很小，星期天更是難捱。

女兒們一向關心她、親近她，只要她招呼，女兒們隨時會回來看她。但是女兒們也有自己的日子要過，瑪麗從不去打擾。

伊雷娜生了一個女兒，後來又生了一個兒子。她寫信給母親：「我體會到，若我不曾生育孩子，一定會痛悔錯過這新奇的經驗。」

夏芙未婚，但得到母親許可，在外面自己租下一間小公寓。

瑪麗的朋友也沒有忽略她，常常來與她商量各種事情。有需要，德比埃爾內一定會出現在她身旁。

約里奧夫婦定期來陪瑪麗午餐，告訴她國際間的新動向，她仍然十分關切：希特勒統治下的德國開始打擊「猶太人的科學」；法國一百多萬人大罷工；反法西斯主義的知識份子團體成立，領袖包括朗之萬、哲學家阿蘭（Alain）和人類學家瑞佛（Paul Rivet）；約里奧是社會黨員（約里奧在二次大戰時加入共產黨，朗之萬則在戰後加入）。

瑪麗聆聽，也跟他們談實驗室的事。

瑪麗並沒有遭遺棄——絕對沒有，她有很多事可做，但是她感到寂寞。她寫信給蜜西、給布洛妮亞。布洛妮亞先是兩度慘遭喪子之痛，接著又失去丈夫。「你雖然寂寞，仍有一點可堪告慰：你們三人（布洛妮亞、約瑟夫和海拉）都在華沙，有人作伴、有人保護。」瑪麗自己現在卻尋不到這些。

瑪麗又寫道：「說到頭，家人團聚是唯一值得擁有的東西。我知道，因為我沒有。想辦法從家人身上得到慰藉吧，同時別忘了你在巴黎的妹妹。盡量多聚聚。」

有一天瑪麗在實驗室滑倒，右腕脫臼。她沒太在意，結果後遺症接踵而至。接著又發現膽內有一枚大結石。要不要開刀呢？想起父親當年死於類似的手術，她拒絕了，改採嚴格的食物療法。伊雷娜和約里奧看瑪麗深受病痛之苦，勸她和他們同往薩瓦滑雪度假。

他們若以為瑪麗病得很重，行將就木，瑪麗證明他們錯了。瑪麗的確是病了，但照樣滑雪，穿著雪鞋漫山遍野地探險。一天傍晚，他們看瑪麗沒有回來，不禁擔心。瑪麗上那兒去了？原來她去看布朗克山的日落，天黑以後才踏上歸途。

瑪麗懇請親愛的蜜西與她一同度假，但是蜜西罹患腹膜炎。蜜西康復後，回信給瑪麗，答覆她一直憂慮的問題：她死後，美國人捐贈的鐳是否真的會留在實驗室裡，大家是否真的會遵照合約，讓伊雷娜繼承鐳，並且用在指定的用途上？

蜜西保證大家會遵照瑪麗的意願行事。但是蜜西遠在美國，瑪麗曾經考慮去美國看她，後來決定不去。好消息是：布洛妮亞要來陪她過復活節假期。兩姊妹開車去普羅旺斯，一路上繞道千回，因為瑪麗要指點美麗的風景給布洛妮亞看，又到蒙彼利埃去探望雅各·居禮。

出發前，瑪麗對伊雷娜說：

有關鐳的事宜，我已寫好處置方案，可作遺囑之用，與美國方面的文件放在一起，檔案夾外面有紅色標識，收藏在客廳櫃子的抽屜裡。

瑪麗還銷毀掉檔案櫃裡的一些資料，可能改變她理想形象的每樣東西，並且要求蜜西銷毀她的信。

這最後的普羅旺斯之旅結果很不愉快。抵達卡瓦萊爾時，瑪麗累壞了，又著了涼，房間裡冷冰冰的沒有生火，她倒在布洛妮亞臂彎裡掉下眼淚。回到巴黎，享受了幾天暖陽，但是發著燒。

布洛妮亞從巴黎北站上車回華沙，像過去多次來看瑪麗一樣，懷著沉重的心情賦歸。但這是最後一次，當火車開動時，她望著窗外瑪麗的身影漸漸遠去。

幾天後，一九三四年五月的一個下午，瑪麗在實驗室裡，想要做一點事。她喃喃自語：「我在發燒，我要回去。」

瑪麗先到花園裡轉一圈，看到一株她手植的玫瑰有些病厭厭的，便叫人立刻來照顧一下，這才離開——最後一次。

瑪麗到底得了什麼病？並沒有。重要的器官皆未受損，看起來沒有什麼醫生可以診斷並且治療的病症。

瑪麗躺在床上，軟弱、發燒，大家趕緊送她去醫院，又帶她回家。醫藥幫不上忙。

朋友們紛紛來探望瑪麗。熱度不退，醫生建議移地靜養，讓清純的空氣幫助她康復。夏芙徵詢四位知名醫學教授的意見，他們也同意這麼做。他們認為，瑪麗的熱度表示肺結核的舊疾復發，應該立即前往山區療養。也許他們是不敢為居禮夫人的病情負責吧。

瑪麗由夏芙和一位護士陪同前往。旅途辛苦，到後來她在火車裡暈倒。此行不但辛苦，而且無用。

終於安置在山區的療養院裡（當然用的是假名）之後，又進行多項檢驗。瑪麗的肺沒有毛病。

可是體溫上升到攝氏四十度。從日內瓦請來的一位教授比較過各種驗血報告之後，斷定是猛爆性惡性貧血。

瑪麗自己看溫度計，她當然知道病情，只是因為怕開刀，聽到說是貧血反而鬆了一口氣。到了這個階段，明快如瑪麗．居禮也認不清實情了。實情是：她的人生已經走到盡頭。

瑪麗最後一次露出笑容，是看到溫度計上顯示她的體溫突降。她小小的手握著溫度計，眼睛注視著，卻沒有力氣像往常那樣仔細記錄所有的數字。溫度的遽降是迴光返照。

夏芙心痛欲狂，但謹守母親一貫的教導，克制自己，守住瑪麗寸步不離。她聽到瑪麗喃喃說著：

「是鐳或者釷造成的嗎？」

醫生來給瑪麗打針，她說：「我不要。請讓我安靜。」

又經過十六個小時，瑪麗的心臟終於停止跳動。她不想死，一點也不想。瑪麗．斯克洛道斯卡居禮在六十六歲那年到達人生終站。

一九三四年七月五日，星期四，居禮夫人最後一次登上全世界的報紙頭版。

葬禮依照瑪麗的意願，只有女兒、家人和少數朋友參加，閒雜人等一律不許進入墓地。

布洛妮亞和約瑟夫為棺木覆土，他們各持一把波蘭帶來的泥土灑在棺木上。

一位尊貴女性的故事就此結束。

居禮夫人身後

拉塞福：獲封爵士，一九三七年，六十六歲那年，修剪樹枝時不慎從樹上摔下來而死。

佩蘭：受命擔任「人民陣線」政府（二次大戰之前的法國政府）的科學研究國務次卿。任內增加國家科學研究中心的經費為原來的三倍，並在巴黎創立「發明研究院」。一九四一年，他離開德軍占領下的法國，到美國去投靠兒子法蘭西斯。一九四二年四月去世，享年七十一歲。

朗之萬：一九四一年遭蓋世太保逮捕軟禁。女婿索羅門（Jacques Solomon）是內科醫生，祕密組織「解放大學」創始人之一，一九四二年遭射殺。女兒被驅逐出境。他自己則設法逃到瑞士。戰後，他和瓦隆（Henri Wallon）草擬教育改革計畫，雖然始終未付諸實行，但至今廣為人知。他於一九四六年去世，年七十四。他和佩蘭的骨灰在一九四八年同日入祀法國先賢祠。

博雷爾：維琪政府（德國占領下的法國傀儡政府）免除他聖阿夫瑞克市長的職務，蓋世太保將他逮捕，之後又釋放。戰後他恢復市長職位，並擔任國際統計學會會長。在欣然慶祝五十週年金婚紀念之後，於一九五六年以八十五歲高齡去世。

伊雷娜：在人民陣線政府內出任科學研究國務次卿，但很快便請求離職，由佩蘭繼任。一九三七年起擔任索邦大學講座。她差一點發現核分裂現象，卻因為不知如何解釋研究結果而功虧一簣。哈恩（Otto Hahn）後來根據她的研究成果，解開鐳核子爆炸之謎。戰後她擔任鐳研究所所長，之後又與法蘭西斯．佩蘭及奧杰共同擔任原子能委員會委員。一九五六年患白血球過多症去世，年五十九。法國以國禮葬之。

約里奧：一九三七年起任法蘭西學院教授。一九三九年初與在哥本哈根工作的哈恩同時以物理方式證實了核分裂現象。同年，他與兩位工作夥伴證明核分裂連鎖反應的理論可能，但費米（Enrico Fermi）及其小組同時在美國製造此連鎖反應成功。一九四〇年六月，他在法蘭西學院的實驗室被德國人接收使用，接收者之一是曾在居禮實驗室工作的根特納，他極力保護法國科學家。約里奧是反抗組織的活躍份子。一九四五年十月，戴高樂設立原子能委員會時，任命他為高級專員。他監造法國第一座核子反應器，是法國共產黨的明星科學家。他曾公開宣稱：「如果官方要求我們製造戰爭工具、製造原子彈，我們會拒絕。」一九五〇年，他被解除職務。一九五八年，五十八歲時去世，也受到國葬待遇。

拜沙卡洛夫的研究之賜，蘇聯於一九五二年首次試爆核彈。法國的首次試爆則在一九六〇年。

夏芙：戰時加入自由法國軍，為幾家美國報紙任通訊記者，並主編《巴黎報》。她嫁給美國首任駐希臘大使拉布西（Henri Labouisse）。拉布西後來擔任聯合國兒童基金會執行長，並在任內代表基金會赴斯德哥爾摩領取諾貝爾和平獎（一九六五年）。因而讓出席諾貝爾獎頒獎典禮的居禮家族成員又添一人。

夏芙在本書寫成之時仍居美國，七十五歲的她依然美麗。

科學文化 238

居禮夫人：寂寞而驕傲的一生

UNE FEMME HONORABLE, MARIE CURIE

國家圖書館出版品預行編目（CIP）資料

居禮夫人 : 寂寞而驕傲的一生 / 紀荷 (Françoise Giroud) 著 ; 尹萍譯 . -- 第四版 . -- 臺北市 : 遠見天下文化出版股份有限公司 , 2024.06
面； 公分 . -- (科學文化 ; 238)
譯自 : Une femme honorable, Marie Curie
ISBN 978-626-355-785-7(平裝)

1.CST: 居禮 (Curie, Marie, 1867-1934)
2.CST: 傳記

784.28 113006682

原　　著 —— 紀荷（Françoise Giroud）
譯　　者 —— 尹萍
科學叢書顧問群 —— 林和（總策劃）、牟中原、李國偉、周成功

總 編 輯 —— 吳佩穎
編輯顧問 —— 林榮崧
副總編輯 —— 陳雅茜
責任編輯 —— 胡芳芳；林榮崧；陳益郎（特約）、吳育燐
美術設計 —— 陳益郎
封面設計 —— 張議文

出 版 者 —— 遠見天下文化出版股份有限公司
創 辦 人 —— 高希均、王力行
遠見・天下文化　事業群榮譽董事長 —— 高希均
遠見・天下文化　事業群董事長 —— 王力行
天下文化社長 —— 王力行
天下文化總經理 —— 鄧瑋羚
國際事務開發部兼版權中心總監 —— 潘欣
法律顧問 —— 理律法律事務所陳長文律師　　著作權顧問 —— 魏啟翔律師
社　　址 —— 台北市 104 松江路 93 巷 1 號 2 樓
讀者服務專線 —— 02-2662-0012 ｜傳真 —— 02-2662-0007；02-2662-0009
電子郵件信箱 —— cwpc@cwgv.com.tw
直接郵撥帳號 —— 1326703-6 號 遠見天下文化出版股份有限公司

電腦排版 —— 陳益郎
製 版 廠 —— 東豪印刷事業有限公司
印 刷 廠 —— 柏皓彩色印刷有限公司
裝 訂 廠 —— 台興印刷裝訂股份有限公司
登 記 證 —— 局版台業字第 2517 號
總 經 銷 —— 大和書報圖書股份有限公司 電話／ 02-8990-2588
出版日期 —— 1991 年 07 月 31 日第一版第 1 次印行
2024 年 06 月 14 日第四版第 1 次印行

圖片來源：第 20 頁；第 23 頁，物理學家佩蘭（左上）、物理家拉塞福（右下）、化學家德比埃爾內（左下）／ Alamy Stock Photo。其餘為 Institut du Radium and the Palais de la Découverte

定價 —— NTD 480 元
書號 —— BCS238
ISBN —— 978-626-355-785-7

天下文化官網 —— bookzone.cwgv.com.tw

天下文化

Believe in Reading